# SOUVENIRS DE VOYAGES.

# SOUVENIRS

## DE

# VOYAGES

## DE SAINT-CLOUD A ROME,

### PAR

### M<sup>me</sup> VERVEL, née DUVAL.

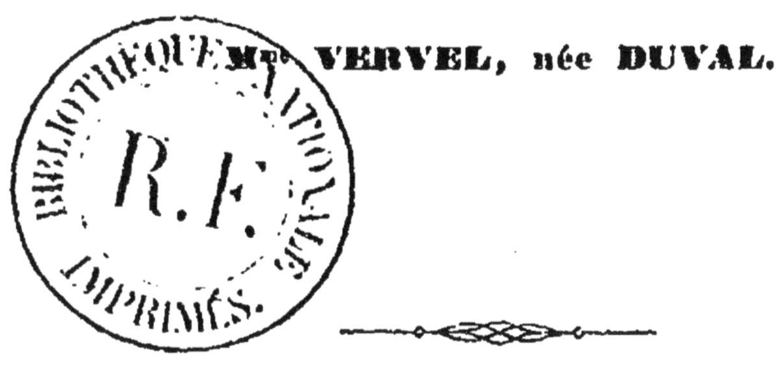


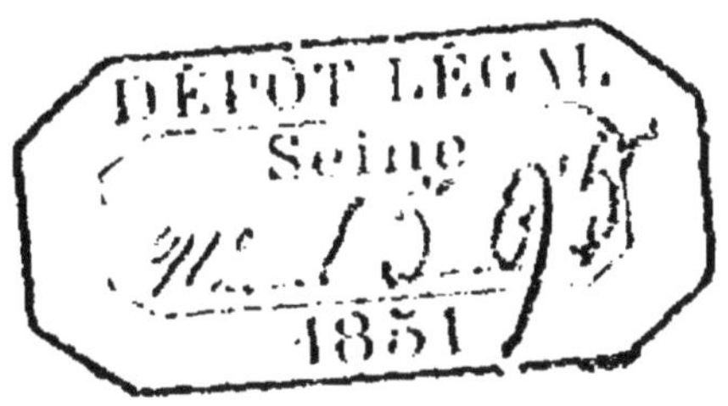


## PARIS,

### IMPRIMERIE ET LIBRAIRIE DE PAUL DUPONT,

Rue de Grenelle-Saint-Honoré, 15.

—

## 1851

# SOUVENIRS

# DE VOYAGES

PAR

Mᵐᵉ VERVEL, née DUVAL.

## VOYAGE AU HAVRE.

Comme tous les Parisiens, nous nous étions con-
tentés, pendant nombre d'années, pour nous distraire, de visiter les environs de Paris, depuis le bois
de Boulogne jusqu'à Neuilly, quelquefois à Saint-
Cloud, et, par extra, l'on allait à Versailles ou à
Saint-Germain, ce qui prenait déjà le nom de voyage.
Le Parisien qui n'a pas encore voyagé se croirait
perdu en s'éloignant davantage; il lui semble que nulle

part il ne pourrait rencontrer ce qu'il trouve à Paris ; que la terre, en un mot, manquerait sous ses pieds, tant qu'il n'est pas encore las de voir toujours la même chose. Heureusement que les goûts changent ; le besoin de connaître du nouveau vient se faire sentir. D'autres, qui, plus avancés que vous, arrivant de tous pays, sont encore sous l'influence du plaisir qu'ils ont éprouvé, s'unissent pour vous en donner envie. Alors la curiosité s'empare de vous, et le désir d'en faire autant vous suit partout. L'on débute par le voyage du Havre, ce que nous avons fait. Oh ! combien de préparatifs pour rester une douzaine de jours absents ! Un mois à peine a pu nous suffire. L'on avait tout prévu pour la toilette, en cas de beau ou de mauvais temps ; il n'y a pas jusqu'aux médicaments dont je ne me sois embarrassée. J'aurais volontiers emmené un médecin.

Nous voici donc partis par le chemin de fer de Rouen. Trente-trois lieues en moins de quatre heures, plus que nous n'en avions jamais fait en un mois ! Quelle occupation, tout le long de la route, pour ne rien perdre de tous les points de vue que l'on rencontre ! On suit presque toujours la Seine, qui se trouve bordée de superbes châteaux, dignes des sites sur lesquels ils ont été bâtis. Nous étions dans le ravissement, en voyant pour la première fois cette belle nature. Que de coteaux, que de riantes montagnes venaient charmer notre œil ! Le bon air que nous respirions m'indiquait par avance que décidément j'avais bien fait de ne pas emmener de médecin; notre gaîté nous vendait et laissait voir facilement aux voyageurs de notre wagon que nous en étions à notre début dans les voyages. Notre enthousiasme était au comble; malgré cela, il fallut nous séparer de notre aimable société; nous étions arrivés à Rouen. En sortant de la gare, c'est alors que nous nous aperçûmes que nous n'étions pas trop de deux pour répondre à tous les garçons d'hôtel qui venaient offrir leurs services à tous les voyageurs. Ils ne savent comment vous barrer le passage pour vous donner le temps de lire l'enseigne de l'hôtel qu'ils vous indiquent.

Las de ne pas avancer, et ne sachant auquel donner la préférence, mon mari crut que, pour ma santé, en choisissant l'hôtel qui portait l'enseigne du Midi c'était ce que l'on pouvait faire de mieux ; mais, malheureusement, c'est que l'hôtel du Midi était en plein nord, ce qui nous fit réfléchir de suite que nous étions en Normandie. Comme nous n'étions pas venus pour nous acclimater dans aucun ni passer notre temps à regarder les passants par la fenêtre, notre désappointement fut de peu de durée ; il s'agissait à présent, pour ne plus être refait, de marchander avant d'entrer. Après être convenus de 2 francs 50 centimes par tête pour le dîner, ce qui, je vous avouerai, nous semblait bon marché d'après la quantité de plats annoncés, nous en étions déjà à nous tourmenter comment ils pouvaient, pour le prix, en donner autant, quand tout à coup, lorsque nos malles furent montées dans la chambre, bien entendu, ils nous dirent : « Je ne vous ai pas parlé du vin, car tout le monde sait que le vin se paye à part. » Cela commençait à nous faire l'effet que le diner changeait de prix ; mais, ce que nous ne savions pas encore, c'est qu'ils vendaient 1 franc 75 centimes le vin le plus ordinaire, mis dans des bouteilles commandées par eux. Décidément, il n'y avait pas à douter que nous avions à faire à des Normands, en sorte qu'il ne nous restait plus d'autres moyens, pour nous rattrapper, que d'arriver tous les jours à table avec un appétit qui pût nous empêcher de regretter notre argent. Il ne se fit pas attendre, car le grand air que nous allions respirer tous les jours le long du port, aurait, je crois, fait passer l'indigestion la plus complète. Tout compris, il faut leur rendre cette justice, l'on est très-bien traité, et le plus fin gourmet ne se déplairait pas en Normandie.

Revenons maintenant à des choses plus intéressantes. Parlons d'abord de la ville qui, sans critique, ne peut être rangée que parmi les plus laides. Chaque maison semble se disputer la palme à qui sera la plus mal bâtie ; toutes petites rues, étroites, tortues, comme si l'alignement fût puni de mort. Joignez à cela, pour embellissement, des pavés pointus et des rues qui montent et descendent continuellement, et vous aurez une idée de Rouen. En revanche, s'ils n'ont fait aucuns frais pour la ville, ils n'ont rien éco-

nomisé pour leurs églises. La cathédrale est magnifique ; toutes leurs églises ont des grilles pour fermer le chœur et les chapelles du tour, qui sont dé-
coupées comme de la dentelle. Les clochers sont
très-hauts, en forme de pyramide et découpés à jour.
Le port est très-beau, s'étend très-loin, et le commerce y est considérable. Les vaisseaux sont ser-
rés l'un contre l'autre ; de tous pays ils arrivent, ap-
portant chacun sa production : l'un est chargé de
marbre, de pierre ; d'autres de bois des îles, de coton,
de sucre. Tous ces matelots à costumes différents
font vraiment bon effet ; leur langage, leur figure,
tout cela fait un contraste qui intéresse ; plus ils
viennent de loin, et plus vous prenez plaisir à causer
avec eux. Ils vous entretiennent de toutes choses par
vous inconnues.

Le pont de Rouen est très-long et très-large ; au
milieu se trouve le buste de Corneille. Les quais sont
larges et beaux ; quelques maisons neuves, là, indiquent qu'ils n'ont pas renoncé à l'architecture, et
que sans doute, dans l'avenir, Rouen sera travesti en
belle ville. Nous sommes montés à la butte Sainte-Ca-
therine, que je croyais, ce jour-là, la plus haute du
monde, si la Suisse ne m'eût pas détournée de mon
illusion. Le fait est que j'étais montée tout au haut
pour donner une idée de mon courage, et que les clochers, quoique très-hauts, me paraissaient très-bas,
tant nous étions élevés. J'avoue que, pour redescendre, je fus embarrassée ; la ville me semblait être au

fond d'un précipice, et je fus obligée de descendre à reculons pour ne pas m'étourdir davantage. Le lendemain, nous allâmes à l'église de Notre-Dame-de-Bon-Secours, très-révérée pour toutes les grâces qu'elle vous accorde. Cette chapelle, située au plus haut d'une montagne, n'est remplie que de tableaux et cadeaux donnés par toutes les personnes qui ont été guéries ou secourues dans leur demande. Tout le monde s'y rend ; il y a une grande route en forme de labyrinthe pour les voitures, et une autre plus difficile par des sentiers, d'où vous découvrez toute la ville, la Seine et des habitations superbes ; c'est celle que nous avions choisie. L'église est neuve et bien bâtie ; l'on ne regrette pas le temps que l'on met pour y monter ; la preuve, c'est que nous y sommes allés deux fois. Après, nous avons visité le Palais-de-Justice, la Bibliothèque et le livre remarquable de l'abbé d'Aubonne, où, sur du parchemin, il a fait en peinture une partie de la Bible. Toutes les couleurs sont restées vives, au point que les guirlandes de fleurs qui entourent chaque sujet vous donnent presque l'idée d'en respirer le parfum. C'est un chef-d'œuvre que l'on met au nombre des curiosités.

Après avoir exploré la ville, fait le tour du boulevard, nous avons voulu connaître les environs. Nous sommes d'abord allés à un petit endroit nommé *Malauné*, rempli de fabriques d'indiennes et autres étoffes. Vous dire si la réputation des fabricants lui a fait donner ce nom, ou si le nom a paru avantageux pour les y attirer, voilà la question que je me suis faite. Ce qu'il y a de certain, c'est qu'ils paraissent satisfaits et que vous ne rencontrez que de grandes maisons, en pleine activité. Une petite rivière qui passe devant toutes les fabriques, leur est d'un grand rapport pour faciliter le lavage de la couleur. A côté des roues, qui marchent à la vapeur, et des métiers occupés par les tisserands, passe rapidement l'eau qui sert à dégorger leurs tissus, de sorte qu'à chaque porte cochère il y a un pont en dedans pour entrer dans la cour. Leurs séchoirs se trouvent à peu de distance ; ils sont très-grands et très-élevés. Tout cela mérite d'être vu.

Le lendemain, le maître de l'hôtel qui, pour garder ses voyageurs le plus longtemps possible ne savait comment les distraire, s'imagina de nous envoyer visiter le château de M. Lefèvre, en nous disant que le nom seul de touriste suffisait pour entrer chez lui. Nous voici donc partis à pied. D'après les renseignements, il fallait une petite heure. Après avoir suivi une heure et demie la grande route, nous pensions avoir passé l'endroit où l'on nous avait indiqué de tourner à gauche ; mais il s'en fallait encore d'un grand quart d'heure. Partout nous demandions : « Connaissez-vous le château de M. Lefèvre ? — Oh ! je crois bien, c'est tout près d'ici. » Nous reprenions notre volée. A d'autres, plus loin, nous faisions la même demande ; ils nous répondaient : « Vous y voilà ; sans cette montagne, vous pourriez le voir d'ici. Tenez, disaient-ils, montez la montagne, cela vous raccourcira le chemin de beaucoup, en ne suivant pas la grande route. » Nous marchions, nous montions ; je me rappelais l'histoire de la sœur Anne qui ne voit rien venir. Ma vue se perdait à chercher de loin ce château, et mes jambes se refusaient à aller le trouver. Nous voilà donc arrivés dans un village. Le premier paysan qui nous apparut, loin de nous donner des renseignements, avait l'air de ne pas même connaître ce château. Alors, voyant que plus nous marchions et plus il semblait nous fuir, l'idée de m'en retourner me vint de suite. Heureusement que le charron nous assura que dans moins de dix minutes nous serions arrivés. Effectivement, à peu de distance, nous trouvâmes un château magnifique. Comme nous n'étions invités dans aucun, peu nous importait d'aller dans un autre. Avant d'entrer, nous nous examinâmes tous deux pour savoir si rien n'était dérangé de notre toilette. Après avoir sonné plusieurs fois sans que personne vînt nous ouvrir, mon mari s'aperçut que la porte n'était pas fermée. Nous voilà donc entrés ; nous allions droit à la maison du jardinier pour lui demander M. Lefèvre, lorsque deux gros chiens vinrent au devant de nous. Ils n'étaient pas de trop mauvaise compagnie, et nous finîmes par nous entendre avec eux et le jardinier. Il nous conduisit à une autre grille qui, moyennant un saut de loup, fermait l'entrée du château. Le cœur nous battait pour demander la permission de visiter le château d'une personne dont le matin nous ignorions le nom ; mais nous fûmes bientôt rassurés, quand nous vîmes venir à nous le propriétaire, en bas bleu, habit conservé sous plusieurs règnes. Le château est au haut d'une montagne dominant sur la Seine ; la vue n'a pas de bornes. Le parc est très-beau ; les appartements sont d'une richesse dont rien n'approche. Sur les murs du salon, ce sont des muses peintes dans leur grandeur naturelle, des colonnes de marbre supportant des candelabres. La bibliothèque a une balustrade toute dorée, et le plafond est étoilé comme le ciel. Tous les appartements sont dans le même style. L'escalier est en pierre, avec une balustrade. Des statues d'un grand prix sont placées de tous côtés, même dans le vestibule. Au rez-de-chaussée, en sus de jolis petits boudoirs, il a fait faire une superbe galerie remplie de toutes sortes de curiosités. Des pierres de toutes couleurs sont dans des cases sous verre ; de petits serpents dans de l'esprit de vin ; une quantité prodigieuse d'oiseaux empaillés, depuis l'aigle jusqu'à l'oiseau mouche, et de tous pays, puisqu'il nous a assuré qu'il en avait qui manquaient à la collection du musée d'histoire naturelle de Paris. Nous fûmes bien satisfaits d'avoir vu tout cela. C'est un château digne d'un prince du sang Ainsi, jugez le monde, à présent ; il ne craignait pas d'acheter 500 francs un oiseau mouche qui lui aurait manqué, mais il aurait craint de passer pour prodigue en dépensant plus de 150 francs par an pour sa toilette.

Il ne nous restait plus qu'à nous retirer, en remerciant mille fois ce Monsieur de la complaisance qu'il avait eue, lorsque tout à coup deux Messieurs de notre connaissance vinrent se présenter à la grille; ils avaient appris que nous étions partis dès le matin, et, pour nous rejoindre, ils avaient pris la voiture. Le propriétaire eut pour eux les mêmes égards, et cela nous procura le plaisir de revoir tout une seconde fois. Après avoir de nouveau réitéré nos compliments, nous sortîmes. A peu de distance du château, nous eûmes l'idée d'entrer dans une ferme pour y prendre du lait avec du pain bis. Ah! que l'on trouve cela bon, quand l'on a marché pendant trois heures, sans compter le temps qu'il nous a fallu pour visiter le château! Aussi, avons-nous été bien contents de trouver une voiture pour nous ramener à Rouen, y passer notre dernier jour. Nous en partions le lendemain pour le Havre par le bateau à vapeur.

Avant de nous décider, combien de fois sommes-nous allés visiter le bateau! que d'informations pour savoir les dangers que nous avions à courir! Je consultais le monde de tous côtés pour être bien sûre de tout. Le capitaine Fautrel, qui autrefois faisait les voyages d'Amérique, regardait comme rien cette traversée de Rouen au Havre, et s'amusait bien de toutes mes craintes. Je lui fis bien promettre, la veille, qu'en cas d'accidents il nous sauverait les premiers.

A sept heures du matin, l'on sonna la cloche pour la dernière fois. Depuis longtemps nous étions arrivés pour bien choisir nos places. Je voyais avec plaisir les voyageurs arriver en foule, car je me disais : « Décidément, il ne manque pas de gens qui tiennent à la vie, et s'ils avaient la moindre idée de la perdre, le capitaine ne serait pas réduit à refuser du monde faute de place. Je m'étais bien remonté le moral avec cette réflexion là, et je finis par être comme ces avares qui, lorsqu'ils se mettent en train, deviendraient prodigues s'ils ne s'arrêtaient pas. La gaîté qui régnait dans le bateau changea bientôt ma peur en plaisir. L'air frais du matin que nous respirions à pleins poumons, nous indiquait d'avance que l'appétit ne nous ferait pas faute. Que de beaux points de vue, de tous côtés ! Les manoirs, les châteaux, les habitations magnifiques pullulent le long de cette belle rive. Quel magnifique effet, en voyageant sur l'eau ! Avec quelle majesté le soleil se lève et vient jeter ses rayons sur toute cette belle verdure ! Tout était silencieux, tout était calme autour de nous, si ce n'est dans le bateau à vapeur, où déjà l'on ne s'entendait plus. Chacun craignait qu'il ne lui restât rien pour le dîner et commençait par faire un déjeuner dînatoire. Ceux qui avaient de l'appétit étaient pressés, et ceux qui n'en avaient pas encore prétendaient qu'il viendrait en mangeant. Tout le monde courait à la cuisine ; le chef ne savait à qui répondre. L'un vient lui recommander que son biftceck ne soit pas trop cuit ; l'autre que sa côtelette soit bien cuite ; l'un peu salé, l'autre beaucoup ; de sorte que la mémoire venant à lui manquer, vous étiez bien sûr d'être servi juste au goût de votre voisin, et bien heureux encore qu'il ait eu le temps de vous servir ainsi. Comme tout le monde, je voulus aussi aller recommander au chef de ne pas trop saler les poissons ; mais il avait mis tant de poivre que je fus étonnée qu'il ne nous fît pas payer un supplément. Toute cette confusion venait de ce que plusieurs jeunes gens étaient venus jeter l'alarme en disant que l'on serait sans doute engravé à quelque distance du Havre, ce qui arrivait quelquefois en attendant la marée. D'autres disaient que la mer serait sans doute mauvaise, et que le meilleur moyen de ne pas être malade était de dîner copieusement, de sorte que, pour ne pas l'être, chacun voulait se procurer une indigestion. Quand tous les dîners furent terminés, c'était à qui raconterait son histoire. Le capitaine vint nous dire que nous entrions en mer. Là-dessus tous les plaisants se promenaient pour examiner les personnes qui avaient l'air le moins rassuré. Il faut croire que ma figure ne m'avait point vendue, car ils ne s'adressèrent point à moi, mais à d'autres à côté. L'un disait qu'il avait vu, à son dernier voyage du Havre, un poisson énorme qu'il croyait être un requin ; l'autre lançait son crocodile, et, tout compris, le plus gros aurait tenu dans leur poche.

La mer fut bien calme ; elle eut égard sans doute à bien des débutants, qui avaient déjà assez de l'espace pour les effrayer sans en avoir les flots. En arrivant à Honfleur, nous commençâmes à sentir l'effet de la mer. Sans être malade, la première fois surtout on se trouve un peu étourdi ; cette eau qui se sépare l'une de l'autre, et de deux couleurs différentes, est vraiment extraordinaire. Trente-six lieues sur l'eau, dont huit sur mer, commencent à bien faire pour un début.

. Quand on vous fait apercevoir le Havre de loin , l'on sent son cœur battre de joie. En arrivant dans le port, vous êtes reçu par une foule de curieux et une haie de commissionnaires qui ne vous laissent pas maîtres de vos effets, sans doute pour avoir une remise de l'hôtel où ils vous mènent. Nous sommes descendus hôtel de Normandie, dans la Grande-Rue, près la Bourse ; comme à Rouen, l'on est parfaitement servi. La ville du Havre est bien bâtie, il y a de belles maisons, les rues sont larges et les boutiques comme à Paris ; la Bourse est très-belle, devant est une grande place plantée d'arbres, où se trouvent des chaises. Le bassin du Havre est quelque chose de beau à voir ; une quantité de bâtiments venant de tous les pays attendent leur tour dans ce bassin, soit pour être déchargés des productions qu'ils apportent, ou pour attendre un chargement d'autres choses dont ils manquent dans leurs pays. Les quais qui sont autour sont encombrés de balles de coton, cannes à sucre, bois de toutes espèces, pierres, vins, en un mot tout ce que la terre produit. Les vaisseaux, les bâtiments monstres, les frégates, tous arrivent là ; il y a vraiment de quoi s'instruire à voir tout cela.

La grande promenade du Havre est sur la jetée, tout le monde s'y rend le soir pour voir le coucher du soleil jetant ses derniers rayons sur la mer. Comme tout cela est imposant à regarder pour celui qui veut y réfléchir ! La vue se perd dans cette immensité d'où les vaisseaux arrivent de tous côtés ; combien en voyez-vous qui, prêts à entrer au port, sont obligés de rester au large, en pleine mer, pour y attendre un vent favorable ! La frégate que vous admirez aujourd'hui dans le port par sa grandeur, la veille était si loin qu'elle semblait être une nacelle. L'œil est sans cesse occupé, l'on passe là plusieurs heures sans s'en douter. Tantôt un bâtiment part pour l'Amérique, un vaisseau pour l'Espagne, un bateau à vapeur pour l'Angleterre ; d'autres arrivent. Le danger qu'ils courent surtout pour entrer dans le port intéresse, on se trouve comme forcé de ne pas quitter tant qu'ils ne sont pas en sûreté. Que l'air est frais et pur à respirer le soir, étant assis sur la jetée ! quel plaisir on éprouve à entendre les flots qui viennent sans cesse s'y briser ! Il y a des saisons où le vent est tellement fort que les vagues passent dessus et vous emporteraient à la mer si vous aviez l'imprudence d'y aller. Le phare du Havre est placé là, nous y sommes montés. L'on découvre de très-loin par le moyen de verres grossissants et de lunettes d'approche. Vous apercevez des quantités de vaisseaux le long des côtes. C'est éblouissant à regarder, cette mer agitée par le vent, balançant à son gré tous les bâtiments qui peuvent d'un instant à l'autre devenir sa proie. Les rayons du soleil dardant sur les flots jettent des étincelles qui ressemblent aux étoiles. Vous vous trouvez comme entre deux ciels en regardant la mer. Cet aspect a quelque chose qui vous impressionne; toutes les idées qui un instant avant occupaient votre cerveau disparaissent devant ce grand élément. Vous cherchez en vain à vous rendre compte de cette immensité d'eau qui semble de toutes parts vouloir envahir la terre, si une main toute puissante ne la maintenait dans son lit. Examinez sur les côtes les flots de la mer, ils arrivent avec une grande impétuosité, vont ensuite à quelques pieds plus loin, et se roulant tous sur eux-mêmes suivent le courant comme pour laisser la place vacante à ceux d'après. Toutes les digues que la main de l'homme pourrait opposer à son passage ne suffiraient si Dieu n'en maintenait pas la fureur.

Le Havre, fier d'être un des plus beaux ports de mer de France, n'a pas abusé de sa belle position qui lui assurait un grand concours d'étrangers; il a voulu encore les y attirer en les recevant d'une manière grandiose. L'hôtel Frascati est placé au bord de la mer; les personnes qui prennent des bains sortent par le jardin et se trouvent dedans. L'hôtel a quatre façades, au milieu est un jardin avec tous les jeux d'agrément réunis, la salle à manger contient 300 personnes. Etant à table, vous voyez passer les vaisseaux; des salons magnifiques, où l'on donne des soirées superbes, occupent une partie du rez-de-chaussée ; vous montez au premier étage par un grand escalier à balustrades en pierres, et garni de très-beaux tapis. Sur le palier sont placées des statues tenant de chaque main des becs de gaz, et des colonnes en marbre soutiennent la voûte de l'escalier, dont les corniches sont dorés. Au-dessus sont de petits appartements, tous de très-bon goût. Les voitures arrivent dans la cour comme à l'hôtel Meurice à Paris. Le hasard a voulu que nous nous lions avec des voyageurs descendus à cet hôtel, qui ont eu l'amabilité, en nous remettant leurs cartes, de nous engager à leur rendre visite pour nous faire voir l'établissement.

Le Havre est aussi vivant que la rue Saint-Denis à Paris ; des quatre parties du monde les voyageurs s'y rendent. Que de costumes différents vous voyez ! que de langages inconnus vous entendez ! Chacun pour son compte, on se retourne, on s'examine. Je ne sais s'ils nous trouvent mieux qu'eux, mais quant à moi je ne suis pas jalouse de leur ressembler.

Nous sommes allés voir les phares de la Hève, situés à une lieue du Havre, cela monte presque toujours. Sur l'immense place où sont bâtis les phares, le vent y est tellement fort que je n'osais avancer. Nous y sommes montés, le vent s'engouffrait dans l'escalier à vous faire perdre respiration. Etant arrivée sur l'esplanade, à peine si je pus regarder l'eau ; l'ouragan était violent. Les phares sont très-hauts et très-beaux ; ils sont séparés l'un de l'autre par une espèce de galerie, occupée par le gardien. Ils nécessitent souvent de grandes réparations. Les pierres de taille ne résistent que tout juste, et se trouvent comme menacées par ce grand vent.

Nous sommes revenus au Havre, et pour terminer notre journée, nous avons été visiter un vaisseau qui se disposait à partir pour New-Yorck. Rien n'est plus coquet, plus élégant et d'une propreté aussi raffinée que l'intérieur de ces vaisseaux. Nous sommes d'abord montés sur le pont garni de tentes avec des siéges dessous. De là, on nous a fait descendre par un joli petit escalier en acajou, à rampes de cristal, qui aboutissait dans la salle à manger où, au milieu, était une table d'acajou découpée de manière à ce que chaque objet de porcelaine puisse se trouver enclavé dedans pour ne pas tomber quand la mer est agitée. Autour, des bancs à dossiers retournés; jusqu'aux portes qui sont en acajou. D'un côté de la salle à manger est un joli petit boudoir pour les dames, un grand sofa en satin bleu, formant banquette à la russe, orne le tour. Le jour à peine y pénètre, une magnifique lampe suspendue au plafond éclaire ce curieux petit réduit. A l'autre bout de la salle est le salon de lecture. Autour d'un guéridon sont placés des fauteuils. Dans la largeur du vaisseau, de chaque côté de la salle à manger, sont les chambres à coucher. Figurez-vous une petite cellule ayant un seul

carreau pour donner du jour, deux petits lits sus-
pendus l'un au-dessus de l'autre, tant le terrain est
précieux ; une petite banquette, un lavabo, tenant au
vaisseau pour être sûr que tout cela ne culbute pas.
Les meubles sont en bois de citron, et les chambres
sont peintes de même. Plus loin est l'office pour recevoir chaque objet différent de la vaisselle de table,
autour sont faits des casiers de la forme de chaque
pièce ; la petite cuisine pour le déjeuner fait suite.
Sur l'autre bout du vaisseau se trouve la grande cuisine ; à la suite, plusieurs étables pour des vaches,
des porcs, et toutes les provisions de bouche. De ce
côté est un escalier qui vous conduit à fond de cale ;
dans des cases en bois sont placées, par terre, des pail-
lasses pour les malheureux. Au-dessous d'eux est
le fond rempli de pierres pour donner du poids au
vaisseau.

Malgré tout le plaisir que nous avions au Havre, il
nous a fallu le quitter. Nous commencions à être
aguerris, aussi avons-nous repris le bateau à vapeur
cette fois sans crainte. Pour nous distraire, nous
avons eu la chance d'avoir sur le pont quatre chevaux
de selle de la plus grande beauté, venant d'Angleterre.
C'était un cadeau que l'on offrait au duc de Nemours.
Combien de précautions et de patience pour les décider à entrer dans de petites cases que l'on roulait
ensuite jusqu'au pont du vaisseau. Tout le monde
s'en occupait. Le nom de leur maître semblait les

rendre fiers. Nous avons eu un vent favorable, un temps magnifique, et avons mis au plus sept heures pour revenir à Rouen. Deux jours après, nous avons repris le chemin de fer, et nous sommes revenus avec l'intention de voyager une autre année.

# VOYAGE EN TOURAINE.

Un an après, nous repartions en voyage par le chemin de fer d'Orléans, pour aller à Blois. Nous sommes
descendus hôtel d'Angléterre , placé sur les bords de
la Loire. Devant nos fenêtres était une grandè terrasse remplie de caisses de fleurs ; nous avions la vue
d'un pont très-fréquenté, car il s'en faut que les ponts
soient près l'un de l'autre ; la Loire est trop large pour
les prodiguer. Celui-là a onze arches, une pyramide
au milieu. Il y a peu de promenades à Blois ; une

grande allée, bien couverte par de gros marronniers, est à peu près tout. On s'y réunit le soir, c'est éclairé au gaz. Pour les dédommager, ils ont les bords de la Loire. La ville est commerçante, les boutiques bien assorties; mais c'est très-fatigant de s'y promener. La ville est comme un amphithéâtre, les rues montent au point qu'il y en a qui, quoique pavées, forment marches. L'évêché est placé tout au haut de la ville, devant est une magnifique terrasse plantée de belles allées d'arbres d'où vous avez une vue superbe. L'église de l'évêché est très-élégante.

Nous sommes allés visiter le château de Blois; la cour est entourée de bâtiments, mais bien différents les uns des autres. Ce château est tellement vieux qu'il est tombé en ruines, et qu'une grande partie n'a point été réparée comme avant. Cependant le côté droit a été respecté, tout a été refait comme autrefois. L'on reconnaît, rien qu'en montant l'escalier, les artistes du temps de François Ier. L'escalier est placé dans la cour et avance de toute sa grandeur en forme de tourelle; il n'est rempli que de portraits surmontés de couronnes : le tout en relief. Vous entrez dans les principaux appartements par des portes à un seul battant; les fenêtres sont toutes vitrées de petits carreaux garnis de croisillons en fer, ce qui ôte beaucoup de jour aux appartements et les rend tristes. Au bas des fenêtres il y a de petits carreaux en bois qui s'ouvrent; l'on prétend que cela servait en cas de guerre pour tirer par là. Les appartem en

sont très-bas, les cheminées très-larges et très-hautes-
surmontées de salamandres. Presque tous les appartements sont carrelés en faïence de plusieurs couleurs,
cela fait un assez bon effet. Dans les principales
pièces sont gravées sur la faïence les lettres initiales
des rois qui les ont occupées. On voit encore la
chambre où est morte Catherine de Médicis. Son oratoire est riche de dorure. Un drap d'or étendu sur
le mur ne serait pas plus étincelant. On nous a fait
voir aussi la place où le malheureux duc de Guise fut
assassiné par les ordres de Henri III ; les oubliettes
sont à côté. Tout au haut du château est une petite
galerie à arcades recouvertes, où l'on peut se promener quand il pleut. Le château n'est point entouré,
mais les murs sur lesquels il est bâti sont tellement
forts que cela ressemble aux fortifications. Le premier se trouve au moins à la hauteur d'un cinquième.
Gaston d'Orléans, frère de Louis XIII, avait fait
continuer une galerie ; il habitait le château de Blois.
C'est là qu'il reçut Louis XIV dans un voyage qu'il
fit pour aller demander la main de la fille de Phi-
lippe IV, roi d'Espagne. C'est aussi dans ce château
que fut reléguée Marie de Médicis par son fils Louis
XIII. Les souvenirs historiques ne manquent pas à
Blois. Après avoir vu ce château, on nous engagea
d'aller visiter celui de Chambord, appartenant au duc
de Bordeaux, situé à six lieues plus loin Comme il
n'y a pas d'autre moyen pour y aller que de se servir
de voitures de louage, nous étions décidés à en

prendre une à nous seuls, lorsque deux voyageurs de l'hôtel vinrent s'offrir à partir avec nous. Nous en fûmes d'autant plus satisfaits que cela diminuait les frais sans en diminuer le plaisir. Nous partîmes donc. Depuis l'espace de trois lieues, nous n'avions cessé de rire, lorsque tout à coup un écrou vint à manquer, et sans nous prévenir la voiture tomba. Après être tous les quatre descendus, et nous être rendus compte que décidément nous en serions quittes pour la peur, l'on s'occupa de relever cette patache, c'était bien le nom. Nous pensions donner un coup de main au cocher, mais ce que nous n'aurions jamais deviné, c'était de la relever nous-mêmes. S'étant de suite mis à la recherche de l'écrou, nous le laissions faire, espérant qu'il allait le trouver et revenir, mais pas du tout, il était retourné à Blois.

Nous voyez-vous en pleine Sologne avec une seule roue? L'on coupa un long morceau de bois, que l'on mit au milieu de la roue surmontant les essieux, jusqu'à ce que nous puissions gagner un village pour nous en débarrasser. Heureusement que deux voitures du même loueur vinrent à passer; il est vrai qu'elles étaient complètes; mais bien contents encore de monter avec le cocher, car il ne nous restait pour choix que d'aller à pied pendant trois lieues. Tout cela fait partie du plaisir que l'on a en voyage. En bon touriste, l'on doit prendre le temps comme il vient.

Nous avons été dédommagés en voyant le château de Chambord. Devant la façade, il y a quatre tours énormes. En haut du château, est une terrasse entourée d'une superbe balustrade en pierre ; l'on s'y promène tout à son aise. L'emplacement ne manque pas. Au milieu du château, est l'escalier. Vous prenez chacun un côté, espérant vous retrouver au premier perron, comme d'habitude, mais pas du tout ; vous vous voyez toujours et ne pouvez vous réunir, et il n'y a qu'à la plate-forme que vous vous retrouvez ensemble ; cela fait six étages. Ensuite, vous montez un à un trois autres étages, dans la tour, et vous vous trouvez sur une petite terrasse entourée d'une grille. Quand le temps est beau, vous découvrez là à perte de vue. Le parc et le bois sont de onze mille arpents. Les appartements sont très-vastes. Rien n'est meublé. Le revenu du château n'est employé, tous les ans, qu'à remettre tout ce qui tombe en ruine ; à peine suffit-il pour les choses urgentes. Sur le côté du château, est un petit pavillon avec l'escalier secret de Diane de Poitiers. Partout, vous ne voyez que les armes de François I<sup>er</sup>. Il est fâcheux qu'un aussi beau château ne soit pas habité.

Nous sommes revenus de Chambord à Blois, toujours avec nos voitures de rencontre. Sitôt arrivés, nous avons fait venir le loueur de voitures pour lui marquer notre mécontentement et lui demander une diminution ; mais, bien loin de vouloir nous en faire, il s'étonna de la demande, en disant que c'était déjà bien assez qu'il eût perdu son écrou, et que, s'il avait su cela, il ne nous aurait pas loué sa voiture. J'avais beau lui dire : « Mais, vous ne savez donc pas que nous avons suivi à pied votre voiture pendant une lieue, et que nous n'aurions jamais deviné que, dans votre pays, cela coûtait aussi cher que pour monter dedans. » Toute explication était inutile ; il ne comprenait qu'une seule chose, c'était de recevoir le prix convenu et de regretter son écrou. Nous avons fini par le payer sans diminution ; mais, au moins, avons-nous bien ri de toutes ses réponses.

Après avoir exploré les environs de Blois, entre autres Saint-Gervais, si renommé pour ses petits pots de crême, nous avons repris le chemin de fer pour aller à Amboise ; il était temps, car, quelques jours plus tard, nous n'aurions pu visiter le château. L'on allait préparer les appartements pour recevoir Abd-el-Kader, et le public n'était plus admis. C'est un château fortifié ; il est bâti sur des murs qui ont, à peu près, quinze étages de hauteur ; l'entrée principale est comme un souterrain ; la voûte a 115 ou 120 mètres de long ; depuis la porte, vous montez toujours. Sorti de cette voûte, vous vous trouvez dans une allée qui monte en forme de labyrinthe ; elle est garnie, de chaque côté, de caisses d'orangers, de citroniers, en plein rapport, comme si l'on se trouvait dans le Midi. Vous arrivez enfin, par cette charmante route, sur la plate-forme du château. La première chose qui se présente à vous, est une petite église gothique, bâtie au haut d'une tour; au dedans, l'autel et les murs sont sculptés comme une dentelle; derrière l'autel, est un petit escalier qui descend à la sacristie; elle se trouve dessous l'église et éclairée par deux fenêtres. Étant placée sur une tour, d'un côté, elle se trouve à quinze étages de hauteur, et l'église cependant est au rez-de-chaussée. Tout près, est l'entrée des appartements. Tous les meubles du Palais-Royal ont été transportés là. Les appartements sont vastes. Louis-Philippe a fait faire sur une des deux tours une salle à manger qui a huit fenêtres donnant sur la Loire. L'autre tour n'a pas été changée. L'on peut encore y monter à l'intérieur avec une calèche à quatre chevaux; vous avez la hauteur de quinze étages, ce qui vous met au niveau du sol du château quand vous sortez de cette tour. Il faut vraiment y monter pour s'en faire une idée; il y a des endroits où l'on voit à peine; du reste, ce n'est éclairé que par des meurtrières. Pour ne vous laisser aucun doute de l'épaisseur des murs des tours et de la construction du château, il suffira de dire qu'il a été bâti par les Romains. Avec une élévation pareille, je vous assure que l'air est bon à respirer dans le parc, qui n'est séparé du château que par une magnifique terrasse donnant sur toute la Loire. L'on ne comprend pas qu'un aussi joli séjour soit donné comme punition à Abd-el-Kader. Que de gens, en se promenant autour, doivent se dire en eux-mêmes : je voudrais bien, comme lui, avoir mérité d'y être enfermé.

Comme nous faisions partie de ceux que l'on met dehors, pour nous consoler, nous avons profité de notre liberté pour aller voir d'autres châteaux. Nous avons d'abord repris le chemin de fer de Tours. Cette ville présente un peu l'aspect de Paris ; les hôtels garnis sont vastes et très-élégants, les magasins pareils aux nôtres ; c'est une ville où l'on peut, sans être remarqué, se promener en toilette. Le pont a quinze arches et est d'une belle largeur. Les casernes, le long de la Loire, sont très-vastes. Dans les environs de Tours, il y a de beaux châteaux. Nous sommes allés visiter celui du *Plessis*, tombé presque en ruine ; malgré cela, l'on y voit encore la tour et la chambre où fut enfermé Charles VIII par les ordres de Louis XI, son père. L'on voit encore aussi le cachot où le cardinal de la Balue, ministre, fut enfermé neuf ans par Louis XI, pour des secrets d'Etat. En remontant de ce cachot, qui est placé au-dessous du sol, il y a une petite chambre, où, sur une table, est un registre pour recevoir les noms des personnes qui, en venant visiter le cachot, veulent écrire leur nom.

Nous avons quitté Tours pour aller à Saumur. Le chemin de fer n'allant pas plus loin à ce moment, l'on y allait par le bateau à vapeur ; ce qui vous procurait le magnifique coup d'œil des bords de la Loire. Nous avons passé sous un pont qui avait dix-neuf arches.

Parmi tous les châteaux que nous avons vus le long de cette belle rive, se trouve celui de M. de

Monsoreau, à trois lieues de Saumur, si renommé par le roman d'Alexandre Dumas. Ce château qui, par lui-même, n'a rien de remarquable, attire cependant les regards de tous les voyageurs.

Son style élégant trouve moyen d'embellir tout ce qui passe sous sa plume, et l'on se sent fier, en passant devant, d'avoir lu ce charmant ouvrage. C'est à qui citera un passage pour faire voir sa mémoire. Le château a déjà fui loin de vous que vous en parlez encore, jusqu'à ce que de nouvelles impressions viennent occuper votre pensée.

Nous sommes descendus à Saumur, petite ville assez gentille où il fait bon à vivre. Les fruits y sont délicieux. L'école de Saumur rend la ville assez gaie. Vous ne rencontrez que des jeunes gens en uniforme. Le bâtiment de l'école est très-large de façade, sans compter deux ailes de chaque côté, le tout fermé par une superbe grille. Devant est le champ de manœuvre, très-vaste, entouré d'une avenue d'arbres ; c'est comme un petit Champ-de-Mars. Cela sert à faire courir les chevaux. Autour, sont les écuries et les manéges, qui sont très-beaux.

M. le comte d'Or donnait une leçon le jour où nous y sommes allés ; nous étions placés dans une tribune d'où nous dominions sur toute la longueur du manége. Tous les jeunes gens, là, montent comme à Franconi ; ils trouvent moyen de dompter les chevaux les plus fougueux. Il faut les voir tous partir ensemble au pas, au trot, au galop, faire des cercles, des doublés, des changements de main, et tout cela est exécuté avec une précision extraordinaire. Les chevaux, tout en écumant de rage de ne pouvoir se débarrasser de leur cavalier, ne cessent de se cabrer tout le temps que dure la leçon. C'est presque tous de jeunes chevaux de la plus grande beauté. L'on a amené ensuite le sauteur qui, quoique attaché entre deux piliers, est tellement fougueux que les meilleurs cavaliers ont peine à se maintenir dessus.

Tous les jeunes gens de l'école ont vraiment un costume très-gracieux, des bottes à l'écuyère, pantalon de casimir blanc, un petit habit d'uniforme très-court et un chapeau à trois cornes. Ils sont très-bien à cheval et ne perdent rien à pied. Eux-mêmes nous ont fait visiter les écuries où étaient les plus beaux chevaux. Tout est tenu admirablement, ainsi que la sellerie. Ils nous ont ensuite conduits aux haras, un enclos très-vaste, où, dans chaque écurie, se trouve un petit poulain avec sa mère. On les laisse six mois ensemble. Nous avons vu deux étalons, un qui valait de seize à dix-huit mille francs, l'autre trente-six (cheval arabe).

Après être restés quelques jours à Saumur, nous avons repris le bateau à vapeur pour aller à Angers. Avant d'y arriver, il se trouve un passage assez difficile, par rapport à deux ponts près l'un de l'autre. Le pont bâti par César étant venu à s'écrouler, à côté, l'on rebâtit le pareil.

Avant d'être sorti du bateau à vapeur, vous avez déjà aperçu le sinistre château d'Angers, placé sur le bord de la Maine. Il est fait tout en ardoise, entouré de vingt tours également en ardoise. Du côté de la Maine, ce sont des murs fortifiés, et les trois autres façades sont entourées de fossés qui ont trois étages de profondeur, un pont-levis pour entrée. Il a été habité par Henri III. On a mis trois siècles à le bâtir. Ce château est tellement fortifié, qu'aujourd'hui l'on y met des prisonniers.

Le pont d'Angers a quatre pyramides dorées. La mairie est remarquable. La préfecture est la plus belle de toutes celles de la France. Devant, est un superbe jardin anglais, de belles allées bien couvertes pour se promener, de petits monticules où l'on a placé des bancs à dossiers, dans chaque bosquet, pour venir s'y reposer. L'on ne croirait vraiment pas que c'est public, si l'on ne voyait la porte ouverte. Sur un petit mur d'appui, il y a une grille de toute la largeur du jardin, et c'est dans le lointain que vous apercevez la préfecture. Les boulevards sont très-beaux; tout le long, sont de jolies petites maisons formant pavillons avec des grilles devant. Elles sont en partie occupées par des familles anglaises. Il ne manque pas de nobles et de grandes fortunes à Angers.

De nouveau, nous avons pris le bateau à vapeur pour Nantes. C'est une ville où il se fait beaucoup de commerce; elle est à peu près peuplée comme Paris.

Il y a quelques belles rues ; mais, en général, c'est plutôt mal bâti.

Nous avons visité le château-fort de Nantes. De chaque côté de la grille, sont placés deux obusiers qui doivent, en cas de guerre, à eux seuls, remplacer deux bons factionnaires. Vous traversez un pont de la largeur du fossé qui entoure le château, et ensuite vous passez sur le pont-levis. Après avoir passé encore par plusieurs grilles, nous sommes enfin entrés dans la cour. Le public n'est point admis, parce qu'il y a beaucoup de poudre et de munitions de guerre dans ce château ; mais, grâce à un officier qui se trouvait là, nous avons tout vu.

Dans la cour, sont rangés, de chaque côté, cinquante-huit mille boulets de différents calibres, avec une avenue de canons au milieu. Les poudreries sont dans des cours séparées ; il n'y a que les principaux chefs qui peuvent y pénétrer. Un bâtiment est réservé rien que pour les armes. D'un côté du château, donnant sur la Loire, est la tour où la duchesse de Berry fut enfermée six semaines. Hors du château, mais tout à fait en face, on voit encore une petite maison bourgeoise, où la duchesse a été trouvée dans une cheminée.

La façade du théâtre est comme l'Odéon de Paris. Devant, est une demi-lune où sont les plus beaux hôtels garnis et les plus beaux cafés de Nantes. A la suite, est ce qu'on appelle la cour de Henri IV. Autour de cette immense place, sont bâtis de beaux hôtels tous pareils, ayant l'entrée des voitures par les rues. Vous vous promenez sous de belles avenues d'arbres. Au milieu, est la statue du général Cambronne. C'est un peu dans le style de la place Royale, à Paris, mais en mieux.

La Bourse est assez bien ; derrière, il y a un grand terrain entouré de grilles et planté d'allées d'arbres, où se réunissent les boursiers. Le port de Nantes, où l'on construit les vaisseaux, est encombré de bâtiments. L'on finissait une corvette qui avait 120 pieds de long et 40 de hauteur, 3 ponts, 20 pièces de canons ; elle était sur son chantier ; il y avait trois ans que l'on y travaillait. Tout le long du port, vous ne voyez que de grandes fabriques, faisant tout marcher à la vapeur, occupées, chacune dans un genre différent, à tout ce qui est nécessaire à la construction des vaisseaux. Au bout du faubourg de Nantes il y a le marché au foin, où l'on décharge les bateaux, et des charrettes attelées de bœufs transportent tout. La quantité d'iles qu'il y a tout le long de la Loire rapportent tant de foin, qu'il s'en est vendu pour sept millions cette année-là.

Pour jouir jusqu'au bout des bords de la Loire, nous avons pris le paquebot, qui conduit jusqu'à Saint-Nazaire, à l'entrée de l'Océan. Nous l'avons quitté à Paimbœuf, au moment d'entrer en mer. La Loire n'est déjà pas trop rassurante là, puisqu'elle a deux lieues de large et 50 pieds de profondeur ; l'eau y est extrêmement trouble, de loin l'on croit voir de la terre labourée. Ce qui nous a décidés à arrêter à Paimbœuf, il faut l'avouer, c'est un peu la gourmandise (comme l'on dit, c'est le meilleur péché de tous). L'on nous avait tant vanté les déjeuners de l'hôtel Jacomety, que nous avons voulu, pour pouvoir en parler, en connaître le goût. Le fait est que la table est si bien garnie, et de bonnes choses, que, si l'on jetait une épingle, elle ne pourrait tomber sur la table. A Paimbœuf, vous voyez des vaisseaux comme au Havre. Nous étions indécis si nous devions aller à Saint-Nazaire ou à *Pornic*, petit port de mer ; mais comme de Pornic à Paimbœuf l'on va par des voitures, nous avons préféré cela, pour éviter le mal de mer. La route de Pornic est charmante : c'est comme au milieu d'un bois taillis pendant l'espace de six lieues. En arrivant, nous sommes descendus hôtel de France ; rien qu'en disant bonjour on vous prend pour des pratiques qui demandez le maître de l'hôtel, puisque *Bonjour* est son nom. Il est bien nommé, du reste, pour les jours agréables que l'on passe chez lui : la gaîté, la bonne table, la société, rien n'y manque pour attirer et retenir les voyageurs. Dès le matin, vous allez vous promener sur une jolie petite route placée en élévation sur le bord de la mer. Vous voyez, au bas de cette route, les vagues se briser à vos pieds ; vous découvrez très-bien l'île de Noirmoutiers. C'est effrayant de voir les cavités que fait la mer dans les rochers ; elle trouve moyen, à force de les miner, d'entraîner les plus gros. Sur toutes les terres, mêmes cultivées, vous ne voyez que de petites pierres, brillantes comme de l'acier ou de l'or; cela tient sans doute au terrain. Nous allions boire d'une eau minérale bonne pour la santé, qui sortait d'un rocher tout au bord de la mer. L'on ne pouvait y arriver, et par un escalier, que quand la mer se retirait; car autrement, vers les quatre heures, elle venait battre sur les marches. Avant qu'elle n'arrivât, nous allions aussi ramasser des coquillages. Le fond de la mer est absolument comme une terre labourée pour être ensemencée : ce sont les flots qui, en se retirant, laissent comme des sillons.

Après être restés huit jours à Pornic, nous sommes revenus à Paimbœuf; nous avions intention de partir de suite par le paquebot, mais il y avait tellement de voyageurs qui voulaient partir, que les gendarmes furent forcés de les empêcher d'entrer; ils étaient au nombre de quatre à cinq cents personnes; le dimanche soir il y a foule pour revenir à Nantes. Afin d'éviter le danger, nous sommes restés un jour; cela nous a donné le temps de voir un mât de 20 mètres de long. La ville est bien triste et mal bâtie. En revenant de Paimbœuf à Nantes, nous avons passé à Indret, où sont les ateliers de construction pour les vaisseaux de l'Etat : c'est un établissement considérable; nous avons encore revu Nantes et repris le bateau jusqu'à Angers, où nous sommes restés le temps de voir ce que nous avions oublié : le Jardin-des-Plantes, qui, quoique petit, renferme des plantes bien rares, une jolie serre chaude ; de plus, dans le jardin anglais, il y a deux labyrinthes ; plusieurs petites sources d'eau avec pont dessus ; des quinconces où sont placés des bancs. Enfin, on peut dire que les habitants d'Angers ne se refusent rien. A une lieue de là, nous sommes allés au pont de Cé, qui a trois quarts de lieue ; il y a trois îles dans la longueur ; il a été bâti par César.

Nous sommes revenus d'Angers à Saumur par la voiture ; pendant l'espace de treize lieues vous êtes comme dans un parc ; il y a des endroits où vous croyez être sous un berceau ; la route est en hauteur, et vous planez d'un côté sur la Loire et de l'autre sur la campagne, cultivée d'une manière remarquable. Vous passez devant une carrière d'ardoise, appelée la Pyramide. La plupart des maisons, depuis Angers, sont bâties en pierre d'ardoise. Nous avons repris une autre voiture pour retourner à Tours ; la route est beaucoup moins pittoresque ; nous pensions nous reposer là ; mais la ville, ce jour-là, était en si grande fête pour un déjeuner donné en l'honneur de la République, que nous avons repris de suite le chemin de fer, dans la crainte de ne pas trouver à nous loger. Nous sommes arrivés à Blois par un convoi où il y avait au moins dix-huit cents personnes qui revenaient de la fête, qui n'en était pas une pour nous, car elle nous a fait dîner à Blois à onze heures du soir.

Le lendemain, nous étions à Orléans, ville commerçante, entourée de beaux boulevards ; les maisons n'ont rien de remarquable ; les rues ont de petits pavés ou pour mieux dire de gros cailloux pointus : cela doit demander beaucoup de temps pour s'y habituer, surtout aux Parisiens, chaussés si finement. C'est sur la place Marquois que l'on a placé la statue de Jeanne d'Arc ; l'on voit encore la maison qu'elle habitait et celle d'Agnès Sorel. La cathédrale d'Orléans est superbe ; elle vaut une de nos plus belles églises.

Nous sommes repartis pour Etampes ; la ville est si peu de chose à voir, qu'après avoir visité quelques moulins à farine, nous avons trouvé que, pour ne rien perdre de notre gaieté, il valait mieux ne pas y séjourner. Après avoir dîné, nous avons pris une petite voiture ressemblant parfaitement aux coucous de Versailles ; c'est la seule administration qui existe pour vous transporter à Pithiviers. La route est peu fréquentée. Nous sommes arrivés à minuit dans une auberge d'assez mauvaise mine ; nous n'étions que trois, mon cœur commençait à battre en entrant, quand je vis la porte cochère se refermer sur nous, d'autant plus que le cocher nous avait dit que c'était un très-bon hôtel. Tout ce contre-temps venait de ce que, pour mettre son cheval à l'écurie, il nous avait descendus à l'auberge ; mais, en traversant un petit corridor, nous sommes arrivés par derrière dans l'hôtel, où l'on a été de suite dédommagé par toutes les prévenances qu'ils ont eues. Pithiviers, si renommé par ses pâtés, perdrait bien de sa réputation, si de bons gourmets y allaient pour faire des provisions. Car, je suis sûre qu'il y en a plus chez le moindre marchand de comestibles à Paris que dans toute la ville. Il n'y a rien à voir à Pithiviers, la ville est triste, sans promenades ; seulement les habitants ont de fort beaux jardins, bien entretenus. Pour passer le temps, quand nous trouvions une maison assez gentille, nous entrions leur demander si ce n'était pas ici que la maison était à vendre ; ils répondaient de suite que non. Nous aimions autant cela pour ne pas perdre de temps à visiter les fondations ; mais, pour les décider à nous promener dans le jardin, nous leur manifestions tous nos regrets. Ils ne se sentaient plus de joie de voir des Parisiens envier leur sort ; aussi il était bien rare que nous en sortissions sans qu'ils nous aient fait manger de leurs plus beaux fruits et coupé une branche de fleurs d'oranger ou fait un joli bouquet. Voilà la manière, en voyage, d'utiliser les villes tristes et de se faire de la société à volonté.

Nous avons repris la voiture pour aller à Fontainebleau ; nous sommes passés à *Malhesherbes*, où est le superbe château de M. de Malesherbes, un des défenseurs du malheureux Louis XVI. Ce château a appartenu depuis à M. de Châteaubriand, qui avait épousé M<sup>lle</sup> de Malesherbes, et aujourd'hui c'est au fils : c'est une propriété magnifique. La route passe devant le château sur deux ponts ; il y a dans le parc une très-grande pièce d'eau, qui sort par un barrage et sert à alimenter une petite rivière garnie d'une rangée d'arbres qui sépare le parc du bois. Cette propriété contient en tout mille arpents. Dans son bois il se trouve des pierres grosses comme des éléphants.

Avant d'arriver à Fontainebleau, vous traversez au moins deux lieues de forêt, puisque la ville se trouve presque au milieu : c'est un endroit charmant où toutes espèces de promenades sont réunies. L'honneur d'abord au château, dont voici la description : Belle grille devant une immense cour ; de chaque côté, dans toute la longueur, une aile de bâtiment ; au fond, avant d'arriver, une séparation dans la cour faite avec une balustrade en pierre sur laquelle sont placés quatre grands candelabres ; ensuite vous montez de chaque côté par un grand escalier en pierre placé dans la cour et qui donne entrée aux appartements principaux. C'est sur ce perron que vint l'Empereur faire de douloureux adieux à toute sa vieille garde qui, rangée dans cette immense cour, les larmes aux yeux, le contemplait pour la dernière fois. On voit encore la table où l'Empereur signa son abdication ; elle a été mise sous verre ; dans un cadre est le brouillon écrit de sa main, il était si ému qu'il est illisible ; on l'a transcrit plus bas. Sa chambre à coucher est restée intacte : un lit en bois doré, tous les meubles pareils, les rideaux et les fauteuils en velours vert à franges d'or.

La galerie de Diane est d'une longueur extraordinaire, toute dorée, remplie de tableaux représentant Anne d'Albret, la pucelle d'Orléans, le chevalier

Bayard, Sully, Henri IV et d'autres. On voit aussi la chambre qu'occupa le duc d'Orléans la première nuit de ses noces, à côté de celle du roi et de la reine. Rien n'est plus coquet que la petite salle de bains : des glaces tout autour, même au plafond, et sur ces mêmes glaces sont peintes des déesses entrelacées par des guirlandes de fleurs ; la baignoire est placée au fond pour former, moyennant une petite arcade, deux pièces : le petit salon de devant est orné de banquettes de satin blanc brodé de fleurs en soie. '

La salle de danse est dédiée à Diane : l'orchestre est placé au-dessus de la porte principale. La peinture représente des déesses sur un roc ; l'entrée des musiciens est par ce roc. Cette salle immense forme une avance entre chaque fenêtre, comme les chapelles d'église ; cela fait beaucoup plus de place pour mettre des banquettes et faire comme de petits salons séparés ; le milieu est pour les quadrilles. Les peintures, les dorures ne laissent pas une place vide ; le plafond, en forme de voûte, est incrusté de plaques de fer-blanc et parsemé d'H en or : cela fait un effet superbe, on croirait que le plafond est en nacre.

La salle à manger, au-dessous, est dans le même style. A sa suite se trouve une petite église fondée par Louis VII ; c'est lui qui a commencé par là le château ; François I$^{er}$ et Henri IV l'ont terminé. Au premier, l'église est superbe et beaucoup plus grande ; c'est là que la pauvre duchesse d'Orléans fut mariée. Il y a les appartements où Pie VII fut fait prisonnier ;

le boudoir de Marie-Antoinette, tout satiné, éclairé par des lustres en forme de lyre, des torsades dorées entourent le montant des fenêtres; les espagnolettes, toute la serrurerie est faite par Louis XVI. Personne ne l'a habité depuis; tout est resté frais, tant on y apporte de soins.

L'on voit aussi la chambre où naquit Louis XIII, à côté la salle des gardes du corps. Les vases, les dorures, les tapisseries des Gobelins, fourmillent partout, tant sur les murs que sur tous les fauteuils; des vases d'une hauteur d'un mètre, soit en albâtre ou en marbre, ne sont pas rares. Dans une des pièces, il y a un meuble où est incrustée en porcelaine de Sèvres, par petits tableaux, d'abord l'arrivée de la duchesse d'Orléans dans sa voiture, saluant gracieusement par la portière tout le monde qui se trouve sur son passage; elle est habillée de rose et porte un chapeau blanc à plumes. Deuxième tableau : On la voit montant l'escalier entre son jeune époux et le duc de Nemours, suivis des ducs de Joinville, d'Aumale et de Montpensier. Arrivé sur le perron, le duc d'Orléans présente sa jeune épouse au roi qui, la prenant par la main, lui fait, ainsi que la reine et M<sup>me</sup> Adélaïde, tout l'accueil qu'elle mérite. Que de larmes de bonheur ont dû couler de part et d'autre dans cette entrevue! Que de belles espérances attachées à cette union! Tout le monde voyait le bonheur là où il devait rester si peu. Oh ! de quelque opinion que vous soyez, vous ne pouvez lire cela sans vous sentir ému en voyant le sort de cette pauvre princesse. Troisième tableau : On la voit dans la salle de danse, habillée en mariée, signant son contrat et le mariage civil. Quatrième tableau : On voit le duc et la duchesse d'Orléans à l'autel.

La salle du théâtre est superbe ; l'escalier intérieur est tout doré, les plafonds peints. Les principaux appartements ont vue sur une grande pièce d'eau où sont de petites nacelles qui conduisent à un joli kiosque placé au milieu ; des poissons énormes fourmillent dans cette eau limpide et se disputent avec les cygnes le pain qu'on leur jette continuellement.

Le parc est traversé par une belle source, dont l'eau par sa clarté a mérité d'être appelée Fontaine-Belle-Eau : c'est à cette source que Fontainebleau doit son nom. Les ponts, les petits rochers par où elle passe ne manquent pas. Les pelouses, les allées couvertes, les bancs dans les bosquets, rien n'est oublié pour en faire un jardin anglais magnifique et des mieux entretenus. Celui-ci appartient au château ; en face, c'est à peu près le genre de Versailles : de grandes pièces d'eau, de belles allées, de jolis quinconces, une terrasse où deux fois par semaine les carabiniers viennent en public donner des aubades.

De l'autre côté de ce grand escalier sont les petits appartements de M<sup>me</sup> de Maintenon. Les tentures, les fauteuils de la chambre à coucher sont en satin blanc parsemé de fleurs ; à la suite son charmant boudoir tout doré ; le riche canapé de satin blanc parsemé de roses sans épines, placé sous une petite arcade drapée de même étoffe, attire tous les regards, et par les souvenirs malgré vous un sourire passe sur vos lèvres. C'est encore un boudoir bien mal nommé, car je ne pense pas que Louis XIV venait pour y bouder.

Plus loin, dans le château, il y a une galerie où sont incrustées dans le mur une quantité d'assiettes de porcelaine de Sèvres, représentant tous les châteaux royaux, la naissance des rois, leurs mariages et autres.

La magnifique galerie de François I<sup>er</sup> n'est pas restaurée ; le plafond, tout doré, a été terminé sous Louis-Philippe.

Le raisin de Fontainebleau, si renommé, vient d'une treille placée dans le parc ; elle a une lieue au moins de long. Vous voyez que Fontainebleau peut trouver moyen de retenir plusieurs jours les voyageurs qui veulent le visiter, car si le château prend du temps à apprécier par tous les souvenirs qu'il renferme, la forêt vous en réclame autant par son étendue pour pouvoir la parcourir. En entrant à gauche dans la forêt, vous voyez une petite chapelle faite pour la mémoire du premier écuyer de François I<sup>er</sup> : ce malheureux a été traîné par son cheval et a expiré là. Vous allez toujours en avant et, après avoir fait au moins deux lieues, vous arrivez aux Deux-Belvédères, ainsi nommés en ce que vous êtes en hauteur et découvrez de là toute la forêt ; puis un autre endroit, aussi élevé, appelé les hauteurs de la Solle. Vous avez à la suite la fontaine Monchovet, qui coule toujours au milieu d'un roc.

La voiture arrête là. De petits gamins vous conduisent aux rochers des Deux-Sœurs : c'est une espèce de précipice où vous descendez par un chemin assez rapide ; au milieu c'est comme la forêt ; mais c'est toujours plus sinistre, puisque les voitures ne peuvent y descendre. Vous remontez de l'autre côté, et la voiture vous attend là. Chaque arbre porte le nom du roi qui l'a vu naître. Vous avez le vieux chêne de Charlemagne ayant 20 pieds de tour : les Deux-Fils Edmon, il faut quatre personnes se donnant la main pour l'entourer ; 60 mètres de hauteur. Plus loin, vous avez l'arbre de Pharamond qui, après avoir été placé le premier, se trouve être aujourd'hui moins que le dernier ; vieux chêne sans feuilles, n'ayant conservé de son ancienne beauté que sa grosseur du bas, qui est de 32 pieds de tour. Vous avez aussi le Bouquet-du-Roi, trois arbres réunis dans un seul : du bas, 80 pieds droits sans une seule branche, les feuilles commencent là ; l'arbre a 20 pieds de tour.

L'ermitage de Frauchard est un couvent placé au milieu de la forêt ; il est tombé en ruines ; aujourd'hui il est occupé par une espèce d'auberge, où les voitures descendent ; l'on y dîne si l'on veut : à l'entrée du désert, vous avez la Fontaine-qui-pleure, pierre énorme qui a une place qui suinte toujours, ce qui lui a fait donner ce nom. Le désert Frauchard est un endroit rempli de pierres, comme si le déluge fût passé là. Vous n'apercevez d'arbres que sur les hauteurs qui l'entourent et de très-loin. Entre toutes ces pierres énormes pousse de la fougère ; c'est la seule verdure qu'il y ait ; les petites couleuvres, les vipères, ne doivent pas manquer ; c'est dans un fond, cela ressemble un peu aux précipices de la Suisse ; mais c'est plus effrayant en ce que vous n'avez pas là cette belle verdure qui partout réclame sa place. Dans ce désert, c'est un silence qui vous impressionne ; de suite vous reportez vos réflexions sur le moment de la création où seuls sur la terre étaient Adam et Ève. J'avoue que deux c'est un peu juste pour être rassuré là-dedans ; aussi, je tâchais d'en voir de loin le plus que je pouvais, car je n'avançais qu'à regret. Craignant de me tromper de route, j'avais fait mieux que le petit Poucet, qui avait semé du pain pour reconnaître son chemin sans penser aux oiseaux ; mais comme je suis venue après lui, pour ne pas faire concurrence à son malheur, j'avais mis de petits jalons en bois. Tout compris, cela mérite bien d'être vu : c'est quelque chose de surprenant de voir tous ces effets de la nature.

Après être restés 7 jours à Fontainebleau, nous sommes revenus à Paris, chassés par l'automne qui, en faisant fuir l'été, fait fuir aussi les voyageurs.

# VOYAGE EN FLANDRE.

Quelques jours de beau temps nous avaient fait espérer que nous pourrions encore repartir et prendre le temps d'aller à Bruxelles. Nous étions déjà arrivés à Amiens quand j'eus la preuve, à mon grand regret, que l'air était déjà trop vif pour pouvoir le supporter. Quoique déjà malade, je ne voulus pas m'en retourner sans avoir visité Amiens. C'est une ville très-commerçante, bien peuplée; les maisons ne sont pas mal. Rien que la cathédrale vaut bien le voyage; c'est un peu le genre de Notre-Dame à Paris. Ce qu'il y a de bien curieux autour du chœur, c'est toute la Bible faite en relief, taillée dans la pierre. Les personnages sont peints avec tous leurs costumes d'autrefois ; il y a tant d'expression dans toutes les figures, le naturel est si bien rendu que l'on croit qu'elles vous adressent la parole. Sortis de l'église, nous sommes allés voir les boulevards qui sont très-beaux ; une autre promenade, grande comme les Champs-Elysées, avec de belles pelouses entourées d'avenues d'arbres : ils appellent cela le Grand-Oie. Au bout se trouve une superbe pièce d'eau, tout près du Petit-Oie, espèce de petit jardin anglais très-coquet. Çà et là vous voyez de jolies corbeilles de fleurs entourées d'eau de tous côtés ; vous passez sur un pont pour y arriver. C'est fâcheux que toutes les promenades soient si désertes. Les habitants d'Amiens sortent peu et parlent de même. Je regrettais nos voyageurs de la Touraine, où l'on est beaucoup plus gai.

Quoique n'allant pas mieux, l'envie de connaître du pays nous fit partir pour Valenciennes. Il faisait un temps affreux ce jour-là. Nous pouvions encore mieux juger du danger de la route ; si les wagons se dérangeaient de dessus les rails, ce serait fini. Ce ne sont que des marais. Je ne sais comment les paysans font pour planter leurs choux sans y rester eux-mêmes. Nous avons vu l'endroit où tous ces malheureux ont été tués à Fampoux. L'on ressent un moment d'effroi en passant si près. Vous apercevez de jolies petites maisons de paysans, tenues avec une propreté qui peut servir d'exemple. A la Flandre, on doit cette justice. Pour entrer dans Valenciennes, on passe sur trois ponts-levis; elle est entourée d'eau, ce qui rend cette ville fort humide. Elle est laide, du reste. Nous comptions partir le lendemain pour Bruxelles, mais le brouillard que j'avais respiré m'avait tellement fait de mal que je fus forcée de partir au plus vite, en passant par Amiens pour m'y reposer, et revenir à Paris attendre décidément cette fois, avec patience, que le printemps veuille m'apporter avec lui ses doux rayons de soleil.

# VOYAGE EN SUISSE.

L'année d'après, pour la première fois, nous quittions cette belle France pour aller en Suisse. Après être restés quelques jours à Fontainebleau, nous avons repris le chemin de fer jusqu'à Tonnerre. Tout le long vous suivez presque toujours le canal. Il y a beaucoup de marais. Tonnerre est une ville assez triste, où il n'y a rien à voir. Aussi avons-nous repris de suite la diligence qui partait pour Dijon. La route qui vous y conduit est très-étroite et n'est même pas pavée. D'un côté vous avez la vue des superbes coteaux de la Bourgogne, et de l'autre vous avez ses magnifiques vallées. Il y a un endroit où vous descendez en zigzag au galop, pendant au moins un quart d'heure, et entre deux montagnes. Nous y avons passé la nuit, c'était vraiment sinistre, d'autant plus que les lanternes de notre diligence, manquant sans doute d'huile, jetaient à peine une lueur de lumière sur cette route. Pour remonter ces mêmes coteaux, ils mettent au moins 8 à 9 chevaux. Il y a la montagne Saint-Seine, c'est là que la Seine prend sa source.

Après avoir passé toute la nuit en diligence, nous sommes arrivés à 5 heures du matin à Dijon, belle ville bien bâtie. L'hôtel-de-ville n'est pas mal; il est fermé par une grille dans toute sa largeur. Devant est une place formant demi-lune, entourée de maisons toutes construites sur le même style. Le Jardin-des-Plantes est très-beau, une pièce d'eau serpente au milieu de la pelouse. Des bancs placés le long vous invitent à vous y reposer, rien que pour admirer ces beaux cygnes filant fièrement sur l'eau. En face est un joli kiosque pour se mettre à couvert quand il pleut. Quatre petits bassins fourmillent de petits poissons rouges. Dans le jardin anglais il y a un arbre où il faut se mettre huit personnes pour l'entourer avec les bras. Nous avons aussi visité le musée où sont placés de très-beaux tableaux. Dans une des salles vous voyez le tombeau de Jean-sans-Peur couché dans sa grandeur naturelle, ayant des lions à ses pieds ; le socle en marbre qui le supporte est très-élevé, en-dessous sont faits délicatement en ivoire une quantité de moines dans des cellules. A côté se trouve le tombeau de Philippe-le-Hardi. En sortant de là, nous sommes allés au bout de la ville. Il y a un beau bassin , entouré d'une allée d'arbres ; en face, une avenue d'une demi-lieue qui vous conduit au parc, espèce de bois-taillis. La caserne est très-belle. Le spectacle est comme l'Odéon à Paris.

Nous avons repris la diligence pour Dôle, petite route charmante très-fréquentée. On passe à Genlis sur un beau pont. La ville est assez gentille. De là on arrive à Auxonne ; on entre dans cette ville par des ponts-levis, c'est très-vivant, mais la ville n'est pas belle. Dôle est très-pittoresque. Vous avez un endroit appelé la Promenade, ce sont de grandes allées bien couvertes, garnies de bancs et de becs de gaz, d'où vous avez une vue magnifique, le terrain étant placé en hauteur. De charmants labyrinthes, formés de très-jolies petites allées garnies de charmilles, vous conduisent dans une immense prairie ; elle se trouve bordée par le canal qui passe au milieu d'une avenue d'arbres, sans compter une petite rivière qui suit le canal, de sorte que vous vous trouvez, d'un côté, dans une allée entre deux eaux. le long de cette petite rivière, vous avez encore la vue des jardins de toutes les maisons de campagne. Chaque propriétaire, sans sortir de chez lui, a droit au poisson qui passe devant lui  aussi vous ne les voyez pas autrement que la ligne en main. D'habitude, c'est à qui n'avalera pas le goujon, mais là c'est, au contraire, à qui le mangera. Leur plus grand plaisir, à Dôle, est de pêcher à la ligne, ils paraissent du reste trop paisibles pour pêcher autrement. Je les admirais quelquefois à les entendre raconter qu'au bout de quatre heures ils avaient attrappé un goujon. Cela doit être un amusement bien sain pour la santé; vous ne devez craindre ni les sueurs rentrées ni les névralgies, occasionnées si souvent par le cassement de tête. Les médecins doivent dans ce pays prendre, en place de leur lancette, une ligne, s'ils ne veulent pas mourir de faim. La nourriture est très-bon marché; une fortune dans ce pays-là ne servirait qu'à vous embarrasser.

Nous avons quitté ce paisible endroit pour prendre la route de Genève. Jusqu'à Lons-le-Saulnier vous ne rencontrez que de petites pataches très-longues et très-étroites pour pouvoir passer sur les routes de Suisse, qui n'ont jamais la voie ordinaire. Pendant la route, nous avons vu le soleil se coucher; c'était effrayant et majestueux tout à la fois de voir une grosse boule de feu dont les rayons s'étendaient tellement loin que, par le reflet, vous voyiez tous les villages en feu. Les montagnes commencent déjà, passé la ville de Dôle, à être très-hautes. La voiture arrête pour dîner à Lons-le-Saulnier, sur les 9 heures; si ce n'est pas pour dîner, c'est pour le payer, car tout est très-mauvais. L'on aperçoit, en passant

en diligence, quelques places avec jets d'eau au milieu, d'assez beaux cafés. C'est éclairé au gaz, mais
cela ne vaut pas la peine d'y séjourner. En sortant
de Lons-le-Saulnier vous apercevez la rivière de l'Ain
d'une très-grande largeur; en passant sur le pont
qui la traverse vous êtes effrayé du bruit de l'eau, oc-
casionné par les torrents qui descendent des montagnes. C'est de là, jusqu'à Genève, qu'il faut voir la
route. Pendant l'espace de près de 30 lieues, vous
vous trouvez tantôt entre deux précipices ou entre
deux rocs, ou bien entre deux montagnes, dont on ne
croit à la hauteur qu'en les voyant; ce sont les
montagnes du Jura. Pour servir de rempart à toute
la route, vous n'avez que des jalons placés à une
très-grande distance l'un de l'autre, qui n'ont été mis
que pour servir de guides aux conducteurs dans le
moment des neiges, où la route devient si dangereuse. C'est aux Rousses que la diligence arrête pour
faire vérifier tous les passe ports et effets de chaque
voyageur.

En sortant de la douane vous entrez dans une plaine
immense où déjà vous voyez comme échantillons
quelques jolies petites maisons suisses. Bien avant
d'y arriver, vous apercevez dans un fond le magnifique
lac de Genève, couleur bleu de roi, dont la nuance
peut rivaliser parfaitement avec le ciel dans ses plus
beaux jours d'été. Vous avez, en sortant de cette
plaine, une montagne des plus dangereuses à descendre; elle est taillée dans le roc. D'un côté vous

avez la montagne, mais de l'autre c'est un précipice comblé par de petits arbrisseaux pour calmer la vue, car vous apercevez toujours le lac au travers des branches. L'on met une heure et demie à la descendre au trot; elle est faite en zigzag. Du côté du précipice sont plantées simplement de petites bornes de un pied et demi de hauteur, plutôt pour marquer une séparation entre la route et le précipice, car quand on pense qu'une pierre peut quelquefois faire verser une diligence, combien seraient d'un triste secours ces mêmes bornes en cas d'accidents! Cela n'empêche pas que les Suisses la trouvent fort belle et ne manquent pas de vous dire que c'est Napoléon qui l'a fait faire. En quittant cette montagne vous arrivez au lac, que vous côtoyez pendant au moins quatre lieues. C'est le charmant canton de Vaud qui le borde de ce côté. Toutes les habitations, là, sont d'un goût, d'une recherche qui ne laissent pas douter un instant qu'elles sont occupées par de grands personnages. L'entrée de Genève est par un pont-levis; vous passez d'abord sur le pont du lac, et ensuite sur le pont du Rhône, dont le courant rapide et le bruit vous effrayent de suite. Il y a des moments où les flots sautent par-dessus. Sur un autre pont, au milieu, il y a l'île de Jean-Jacques, où vous arrivez par une autre petit pont en fil de fer. C'est un joli jardin d'où, étant assis sous les arbres, vous voyez toutes les petites nacelles passer devant vous. Le soir, on est éclairé au gaz. L'on y donne des concerts; la fraîcheur de l'eau, jointe au calme qui règne autour de vous, n'en rendent que plus harmonieux le doux son de la musique. Tout près, une espèce de terrasse où l'on a placé un méridien. Quand le temps est beau, de là on aperçoit le Mont-Blanc.

Genève est gai, peuplé comme le Havre. Toutes les maisons sont très-hautes et toutes occupées sous les toits par des bijoutiers qui ont besoin d'un grand jour pour la fabrique des montres, dont il se fait un commerce considérable. Les quais sont assez beaux ; mais quand la bise donne, il ne fait pas bon s'y promener. Cela dure 8 à 10 jours ; l'on se couvre alors comme en plein hiver. L'eau y est d'une douceur remarquable ; rien qu'en se lavant les mains, l'on s'en aperçoit de suite ; aussi n'y a-t-il que le lac de Genève pour fournir d'aussi bonnes truites. Au bout de la ville il y a une terrasse très-élevée, garnie d'arbres et de bancs ; de là vous découvrez toutes les montagnes qui environnent Genève, et en bas de cette terrasse est le Jardin-des-Plantes, qui n'a rien d'extraordinaire.

Il ne manque pas d'hôtels pour les voyageurs, tous très-bien tenus ; la propreté dans les appartements et le service de la table ne laissent rien à désirer. A l'hôtel de la Couronne j'ai compté jusqu'à trente plats pour dîner, sans compter le dessert : le tout pour 4 fr. par tête. La salle à manger est au premier, quatre fenêtres donnent sur le lac ; étant à table, vous voyez naviguer sur l'eau le pêcheur qui, dans sa nacelle, attrappe peut-être la truite que demain l'on vous servira. L'on est jamais moins de 40 personnes à table; il faut vraiment être tout à fait malade pour ne pas avoir appétit en mangeant aussi gaiment. Tous les jours, après le déjeuner, nous allions visiter les environs de Genève; d'abord Carouge. Nous sommes montés sur une montagne très-haute; pour descendre il nous a fallu tenir une canne, chacun par un bout, pour nous soutenir mutuellement, tant la pente était rapide. Nous sommes allés aussi à Colony. Pendant presque l'espace de deux lieues vous montez; vous y arrivez par une route bordée d'habitations princières, c'est encore plus beau que le canton de Vaud, qui n'est séparé de Colony que par le lac. Nous nous sommes assis sur un banc qui se trouvait sur un haut monticule, d'où l'on pouvait dominer sur le lac et sur tous les charmants cantons qui le bordent Il est impossible de voir des sites plus beaux, plus variés, des maisons d'un goût plus exquis, et toutes d'une forme différente des nôtres, ne se ressemblant même pas. Quoique à côté l'une de l'autre, elles ont un cachet différent. C'est à Colony qu'a demeuré lord Byron.

L'on ne peut venir à Genève sans avoir le désir de voir le Mont-Blanc, aussi avons-nous fait comme les autres. Nous avons pris la diligence qui passe d'abord à Bonneville, où l'on s'arrête pour déjeuner; c'est l'entrée de la Savoie. Depuis ce pays vous n'avez qu'une route très-étroite, presque toujours entre des montagnes d'une hauteur prodigieuse. Vous ne voyez que de malheureuses chaumières faites en bois, élevées du sol par des poutres, comme si c'étaient des barraques placées seulement là pour quelques jours. Sitôt qu'ils entendent la diligence, on voit sortir tous ces malheureux de leurs chaumières pour implorer la générosité des voyageurs : l'un est aveugle, l'autre muet ; un a une jambe ou un bras de moins, sans compter que toutes les femmes ont ce qu'on appelle le goître, espèce de grosseur au cou qui leur donne l'air imbécile. C'est un pays tellement malheureux que tous les Savoyards sont obligés de venir à Paris pour gagner leur vie ; de sorte que ceux qui restent au pays sont ou estropiés ou d'un âge qui ne leur permet plus de se mettre en service. Ils n'ont à cultiver que de mauvaises terres qui ne rapportent presque rien.

Il y a un passage très-dangereux ; la route fait le coude autour d'un ravin très-profond et sans garde-fou ; cela descend d'abord très-rapidement, puis vous tournez sur un pont si cela doit s'appeler ainsi, et ensuite vous remontez le long du même ravin toujours sans garde-fou. L'on en connaît sans doute le danger, car dans ce moment on fait un pont bien avant ce coude ; et le ravin est profond au point que, pour en diminuer la pente, ce n'est pas un pont, mais deux l'un sur l'autre que l'on bâtit. Vous passez ensuite à Saint-Martin, qui n'est séparé de Sallanches que par un pont. Sallanches est un petit bourg assez bien situé, qui a été brûlé il y a quelques années ; toutes

les constructions sont nouvelles. C'est dans ce pays
que s'arrêtent les diligences; elles ne peuvent aller
plus loin, les routes n'étant plus praticables pour
d'aussi grandes voitures; alors vous êtes obligés de
prendre des chars pour aller à Chamouny : ce sont
des voitures très-basses et très-étroites, où vous êtes
assis de côté; elles ne sont couvertes que par une espèce d'auvent. Vous ne pouvez tenir que trois personnes et le cocher. Malgré la légèreté de ces chars,
ils mettent deux bons chevaux ; cela nous semblait
être du luxe, pensant qu'un seul devait bien suffire;
mais nous ne connaissions pas la route alors, car, à
peu de distance de là, elle est si mauvaise, que la
voiture que vous payez 20 fr. pour faire sept à huit
lieues, vous êtes trop heureux d'en descendre et de la
suivre une partie du chemin. D'abord les chevaux ont
beaucoup de peine à gravir certains passages... Les
chemins sont si étroits que, quand par hasard (on
peut dire le mot, car les voitures ne sont pas com-
munes sur de telles routes) l'on rencontre une voiture,
on soulève le char et on le cale le mieux que l'on
peut pour laisser passer l'autre voiture. Aussi, l'on
ne reste pas dedans à ce moment-là : vous vous trouvez toujours le long de précipices épouvantables, d'où
tombent des torrents d'eau venant des montagnes
des Alpes, qui forment un gouffre dont le bruit
vous fait tressaillir malgré vous. Ils ne mettent pas la
moindre chose pour vous préserver du danger de ces
précipices. La voiture passe là comme dans les

Champs-Elysées. Aussi, le conducteur est-il presque toujours à pied pour être plus sûr de ses chevaux. Le passage le plus dangereux est ce qu'ils appellent les Gros-Pavés. C'est une haute montagne qu'ils faut gravir au milieu de grosses pierres placées au hasard à côté l'une de l'autre, mais non de même hauteur. Les chevaux se cramponnent à deux pour tirer rien que le char, sans compter que vous aidez plutôt à pousser la voiture qu'à vous y reposer. Je vous garantis que nous avons payé 20 fr. pour monter dedans; mais en voyant la route nous aurions bien payé le double pour descendre si l'on nous eût forcés d'y rester.

Lorsqu'on a été à Chamouny, on se trouve aguerri pour longtemps.

Les ponts qu'ils daignent vous faire sont de quatre ou cinq planches mal jointes. Vous passez à peu près une quinzaine de ravins ainsi. Quand il fait beau temps, c'est peu de chose, car même ils ôtent les planches; les chevaux, qui en ont l'habitude, passent dans l'eau; mais quand il vient des orages, la route n'est plus praticable, les torrents seraient dans le cas d'entraîner les chars; l'on est obligé d'attendre au lendemain; l'hiver, il n'est pas possible d'y pénétrer.

Nous étions partis avec la certitude d'arriver en plein jour; c'était déjà assez de n'être que deux sur une route aussi dangereuse, livrés entre les mains d'un conducteur dont on ignorait même le nom, sans encore être privés de la lumière; mais il fallut encore avoir cela à redouter. Nous voyions avec peine le jour fuir... Pas une lanterne !... et être obligés de s'en rapporter à un homme qui, pour consolation, nous disait : « Soyez tranquilles, dans une heure nous serons arrivés. » Quatre heures sur une pareille route semblent un siècle. Les maisons sont au moins à une lieue de distance l'une de l'autre. Nous n'avions plus que le crépuscule pour éclairer notre route, d'autre bruit que celui des torrents. Nous ne nous parlions plus ; chacun semblait ne pas vouloir se communiquer sa peur et les dangers que l'on courait. Moi, pour mon compte, je trouvais tout cela si malheureux, cette route si sauvage, si peu praticable, que je me disais : ils vous donnent, à Genève, des adresses d'hôtels garnis à Chamouny, c'est sans doute pour attraper les voyageurs ; car si nous trouvons seulement la soupe aux choux, nous serons bien contents. Mais heureusement que je m'étais trompée. Il semble que le ciel veuille vous dédommager de toutes vos fatigues de corps et d'esprit en vous offrant un toit hospitalier.

Nous sommes enfin arrivés à Chamouny, hôtel de la Couronne. Les domestiques vinrent au devant de nous, un candelabre à la main, nous ouvrir la portière. Nos yeux n'étant déjà plus habitués à la lumière, cela nous semblait un songe de nous voir tout à coup dans un hôtel, au coin d'un bon feu (car fin septembre, par là, il commence à faire froid), et un couvert dressé comme pour une noce : linge damassé, vin dans des carafes, le service fait par de bons domestiques, et la cuisine par un chef de Paris. Tous ces détails-là n'ont de prix que pour ceux qui ont visité l'endroit, qui s'harmonise si peu avec le luxe et la bonne table. Les chambres à coucher sont comme de petites cellules ; la propreté en fait tout le luxe ; les fenêtres sont très-étroites ; c'est pour garantir du vent dans les ouragans et des avalanches qui ne manquent pas par là. Le soir, nous avons dîné avec des voyageurs qui arrivaient à mulets du col de Balme ; ils nous ont dit que ce qu'ils venaient de faire était un voyage vraiment imprudent, que par gloriole on voulait y aller pour pouvoir en parler ; mais que jamais ils n'y retourneraient, tant c'était dangereux de se voir conduire par des mulets au bord des précipices. De notre côté, nous leur avons raconté nos émotions de la route que nous venions de faire et qu'ils devaient prendre le lendemain. Chacun ne s'est retiré dans sa chambre que vers minuit ; trop tôt, car l'on est tant impressionné par toutes les choses effrayantes que l'on voit, que votre caractère se trouve comme changé, vous ne dormez pas de la nuit, vous êtes agité, et ne rêvez que précipices.

Le lendemain, nous sommes montés au belvédère. De là vous découvrez d'abord la mer de glace, dont les glaçons ne fondent jamais qu'à la superficie ; elle a dix-huit lieues de long. Ensuite vous avez le Mont-en-Vert, montagne couverte de verdure qui sépare la mer de glace des Bossons, change leur nom plus haut par celui de Grands-Mulets, et ensuite prend, dans le faite, son véritable nom, le Mont-Blanc, montagne de glaces qui a 14,600 pieds de haut, la plus haute du monde, et 60 lieues de tour. Quatre ou cinq personnes ont pu parvenir à monter là ; il est déjà bien rare que l'on puisse arriver aux Grands-Mulets, qui ne marquent cependant que la moitié du chemin. Pour y aller il faut trois jours. Nous avons vu à Chamouny un jeune homme qui a fait l'ascension jusqu'aux Grands-Mulets; ils ont couché sur des glaçons ; ils étaient huit attachés ensemble; le premier avait un fanal ainsi que le dernier ; pour se couvrir, de gros bas de laine, des guêtres de cuir et vêtus très-chaudement; des chapeaux très-grands afin de cacher leur figure, même des lunettes bleues pour ne pas perdre la vue. Et bien, malgré tant de précautions, il nous a dit avoir eu la figure gelée au point que la peau en est tombée. Il est bien rare que l'on puisse aller aussi loin que les Grands-Mulets sans tomber malade par le froid excessif qu'il y fait ; la respiration vous manque. On peut dire que c'est un brevet de santé que l'on tient quand on peut en revenir. Dans la salle à manger de l'hôtel, le long du mur, vous ne voyez, accrochés aux patères, que cannes avec crochets et de grands bâtons de six pieds de haut, à pique de fer. C'est pour les voyageurs qui, n'allant pas à mulets, veulent faire des ascensions au haut des montagnes et ne pourraient, sans leur secours, y arriver. Il y a beaucoup de personnes qui en prennent pour, vis-à-vis le monde, se donner un air courageux, et qui, en place de gravir les montagnes avec, se contentent de se coucher au bas sous les arbres qui peuvent les mettre à l'abri du soleil. Là, ils rêvent sans doute aux dangers qu'ils auraient courus; ils voient des précipices en songe et sans se fatiguer. De sorte que, quand ils se réveillent, ils s'aperçoivent que ce bâton ne leur a rendu d'autres services que de leur faire une réputation de touriste.

Chamouny se trouve comme dans un cul-de-sac : c'est un endroit d'où l'on découvre une chaîne de montagnes tellement hautes, que c'est ce qui a décidé plusieurs hôtels à s'y établir par la quantité de voyageurs qui vont visiter cela. Le village n'est pas considérable : il y a une église, la maison du curé, trois hôtels garnis et peut-être dix autres petites maisons. Les voyageurs ne restent guère qu'un jour ou deux au plus; on ressent malgré soi un frisson en voyant toutes ces montagnes si hautes et si près de vous. Vous craignez toujours d'être englouti, soit par des terres qui pourraient s'écrouler ou par des neiges qui, en fondant, inonderaient tout. La curiosité vous amène, la peur vous fait sauver. Tout ce pays est si dangereux que, pour sortir seulement dans le village, l'on nous demandait à l'hôtel si nous voulions un guide. Comme il n'était que midi, nous pensions, en marchant dans la vallée, n'avoir rien à craindre, eh bien, en moins d'une heure, je ne saurais vous dire combien nous avons trouvé de courants d'eau avec une planche dessus pour servir de pont, de trous, de cavités remplies d'eau; enfin, las de ne trouver que de pareils

chemins, nous sommes rentrés et remontés au belvédère admirer tous ces effets de la nature et chercher,
mais en vain, à nous rendre compte de ces glaçons
qui ne cèdent point même à l'ardeur du soleil qui, à
côté, embellit la verdure.

Le lendemain matin dès six heures nous montions
à mulet pour aller à la cascade des Pèlerins. Pendant
au moins une lieue, vous montez toujours, mais
d'une pente assez douce, en traversant je ne sais combien de courants d'eau. Les mulets y sont habitués.
Ensuite, vous arrivez à la route des *racines*, appelée
ainsi sans doute par rapport aux arbres qui sont, dans
cette avenue, tous déracinés par les eaux et les avalanches. Elle monte presque à pic. Au bout est un
précipice excessivement profond. Les mulets vont
tout au bord ; ils ont de petits sentiers à eux qu'ils
connaissent ; il faut les laisser aller sans les tourmenter ; ils marchent au milieu de cailloux énormes,
mais ils ont la force de vous porter, car ils sont
grands comme des chevaux et soutiennent plus la fatigue. En arrivant au haut, vous descendez de dessus ;
le sentier devient si étroit qu'il n'y a place que pour
les piétons. Je pris le bras de mon guide pour aller
voir tout près la cascade des Pèlerins. D'une montagne très-haute, l'eau tombe dans une espèce de roc
creusé par la nature, et elle ressort avec impétuosité
de ce même roc, mais en forme de gerbes. Cette eau,
qui ne tarit jamais, a creusé un ravin épouvantable ;
c'est là qu'on s'arrête.

Quand j'eus examiné l'effet de la cascade, je voulus regarder derrière moi pour juger de la hauteur où j'étais; mais j'avoue que mon inspection ne fut pas de longue durée, car le bruit de l'eau, le pied au bord d'un précipice et la hauteur, étaient plus qu'il n'en fallait pour vous donner le vertige; enfin, nous avions rempli les conditions de bons touristes; nous avions vu par nos yeux, et nous pouvions à présent parler du danger. Nous avons repris nos mulets, mais beaucoup plus bas, la descente étant trop rapide pour monter dessus.

Arrivés à l'hôtel, nous avons déjeuné et repris notre char pour retourner à Sallanches. En y arrivant, nous étions partis de suite pour aller visiter les bains Saint-Gervais, où l'eau est chaude naturellement; mais ayant demandé en route notre chemin, on nous conseilla de ne pas aller plus loin. Le jour commençait à baisser, et c'eût été imprudent pour revenir le soir dans ces chemins-là. Le lendemain matin, nous reprîmes la diligence pour Genève, route où nous étions déjà passés en venant à Sallanches. Malgré cela, c'est toujours du nouveau à voir, car en voiture on ne peut tout saisir à la fois. Nous n'avions d'abord pas remarqué la cascade d'Appenaz, chute d'eau qui tombe d'une montagne tout près de la route; plus loin, tout en haut d'une autre montagne, il y a une voûte faite par la nature, dans un roc. On l'utilise en y faisant monter les voyageurs qui veulent entendre le bruit du tonnerre. En face de cette montagne est une petite maison d'où un homme tire le canon ; cela fait un effet extraordinaire sous cette voûte. On y entend un roulement qui imite le bruit du tonnerre.

Sur toutes les montagnes de la Savoie, en hiver surtout, il y a beaucoup d'ours et de loups. Au haut de ces montagnes sont des châlets habités par des gens qui, à cinquante ans, n'ont pas encore mangé de viande. En arrivant à Genève, nous avons voulu, avant de le quitter, voir tout ce que nous avions laissé de côté pour partir à Chamouny.

D'abord, les fortifications ; les esplanades sont arrangées de manière à servir de promenade. Pour traverser les deux tranchées, il y a deux très-grands ponts en fil de fer pour les piétons. Nous avons été de là à un endroit appelé *le Bout-du-monde*, charmante route garnie tout le long de charmille. Pendant au moins une lieue, vous croyez vous promener dans un parc. Cette route, qui est en élévation de la prairie, vous procure des points de vue magnifiques ; mieux que cela : de l'autre côté de cette même route, vous ne voyez que des bosquets garnis de plates-bandes de fleurs et des bancs qui vous engagent à vous y reposer. Derrière ces mêmes bosquets sont des villas de grands seigneurs.

Le lendemain, nous sommes allés à Saint-Jean, petit village très-bien habité, et ensuite à Sous-Terre, autre petit village à une lieue de Genève, d'où l'on a une vue superbe. Vous voyez l'Arve se réunir au Rhône.

L'Arve est une rivière formée par les neiges du Mont-Blanc. Nous nous sommes assis sur un banc placé tout au haut d'une montagne pour contempler la jonction, réunissant ce courant rapide et bruyant à l'eau calme de la rivière de l'Arve.

Nous sommes allés voir, dans le canton de Genève, l'habitation de l'impératrice Joséphine, où elle demeura plusieurs années à la suite de son divorce avec l'Empereur. En entrant, on se sent ému en pensant combien de larmes furent versées là. Quel changement pour elle, de se trouver tout à coup reléguée dans une aussi petite maison ! perdre d'un jour à l'autre tout son bonheur pour le voir passer entre les mains d'une autre. Par ses conseils, elle rendit de grands services à la France ; en la quittant, elle n'emporta, pour se venger, que le désir que l'Empereur et son peuple fussent heureux. Cette petite maison ne mérite d'être vue que par souvenir, car rien n'est plus simple. Cinq ou six fenêtres au rez-de-chaussée, surmonté d'un étage ; deux petites tourelles de chaque côté, devant une terrasse plantée de plusieurs arbres étrangers. On descend quelques marches, et c'est le jardin fruitier. Ensuite, une très-belle vigne, et la prairie de tous côtés. Comme le terrain est en élévation, on découvre le lac de Genève.

Cette maison a été louée, il y a deux ans, à Lola Montès, célèbre amazone, qui, par sa grâce, sut charmer le roi de Bavière et y gagna le titre de comtesse. En sortant, nous sommes allés dans une ferme, avec l'intention de boire du lait, tant il faisait chaud ce jour-là. Comme il ne leur en restait plus, ils nous offrirent de nous couper du raisin de la treille. L'un ou l'autre nous suffisait. Tout en mangeant notre raisin, cette femme, voyant que nous étions des voyageurs, nous engagea à aller visiter le château de M. le duc de Clermont-Tonnerre. Nous ne demandions pas mieux que d'entrer partout ; l'œil se rassasie rarement de voir du nouveau ; seulement, nous lui observâmes que nous ne connaissions personne, pas même la route pour y aller. Elle s'offrit pour nous y conduire. Au bout de son jardin potager, nous pensions sortir dans le village et aller prendre le chemin ; mais, pas du tout, une haie de charmille séparait son carré de jardin du parc de M. le duc de Clermont-Tonnerre, et comme à la haie il y avait une petite ouverture, elle nous fit passer par là, en nous disant : « C'est inutile que je vous conduise plus loin ; vous allez rencontrer le jardinier, qui vous fera voir tout le château, même avec plaisir. » Après l'avoir remerciée, nous allions tout le long de l'allée où elle nous avait quittés, pensant rencontrer le jardinier en haut ; mais, pas plus de jardinier que de jardinière ; les allées du parc commençaient à se croiser en tout sens ; nous ne reconnaissions plus celle qui nous avait donné entrée au parc, et le soleil était déjà couché. Après avoir admiré quelques points de vue sur de jolis monticules, je regardais de tous côtés pour ne pas nous perdre. J'avais toujours peur de rencontrer un gros chien qui, pour toute explication, nous eût peut-être étranglés.

Nous avions beau être dans le ravissement en voyant ce beau parc embaumé par le parfum de toutes ses fleurs rares, joint encore à la fraîcheur du lac, au milieu de tous ces points de vue, ce que notre œil cherchait et désirait voir avant tout, était la porte de sortie. Ce paradis terrestre, faute du jardinier, pour nous devenait un enfer. Enfin, après avoir marché quelque temps, nous aperçûmes le château ; il était fermé, mais la façade en est superbe : c'est un genre suisse. A côté est un joli petit kiosque chinois, placé sur un monticule, d'où, étant assis, on découvre tout le lac.

Arrivés là, nous étions plus tranquilles, car il était facile au moins de trouver la porte. Nous ne rencontrâmes personne. Voilà ce qui s'appelle voir un château sans cérémonie. En retournant à Genève, le long de la route, nous avons vu le château d'un Monsieur Duval. Malheureusement, il n'était pas parent de mon père, quoique portant le même nom. La terrasse qui entoure le devant du château est remarquée par tous les voyageurs. La quantité de fleurs rares qui s'y trouvent vous force à le regarder, car si votre œil l'échappe, le parfum des fleurs vous force à vous retourner. Aussi, avons-nous admiré, mais de loin cette fois, car nous venions d'avoir la preuve qu'il ne s'agit pas seulement d'entrer, mais de sortir. Et puis le jour fuyait et l'appétit arrivait. C'était assez pour un jour.

Les routes de la Suisse sont vraiment admirables ; chaque propriété n'est entourée que de charmilles, de sorte que vous planez dans tout ce charmant séjour comme si vous étiez dedans. Ils ne se défient point des malfaiteurs. Les routes ressemblent à une allée percée au milieu d'un parc.

Il était trop tard pour aller voir la maison de campagne de M<sup>me</sup> de Staël, qui se trouve également le long du lac de Genève. Le lendemain, nous prenions le bateau à vapeur pour aller à Lausanne, à douze lieues de Genève ; le lac en a dix-huit de long, et par place quatre de large. Il y a des endroits où on ne connaît pas la profondeur. Le lac, par ses vagues, fait un peu l'effet de la mer, et est quelquefois plus dangereux, car les montagnes qui le bordent attirent par moment un vent inattendu qui met le capitaine dans un embarras plus grand encore que sur mer. Le bateau à vapeur côtoie le canton de Vaud. Assis sur le pont, vous passez en revue tous les charmants châteaux suisses qui semblent tous, par leur bon goût, vouloir se rendre dignes de la vue qu'ils ont du beau lac de Genève.

Plusieurs fois le bateau s'arrête pour recevoir des voyageurs, qui viennent en canot à sa rencontre ; ce n'est même pas trop rassurant, car les flots du lac, joints à ceux que fait le bateau à vapeur en repartant, pourraient bien les faire chavirer. Sur le lac, vous passez près de l'île du général La Harpe. Il y a une pyramide au milieu. Bien avant d'arriver à Lausanne, vous l'apercevez, la ville étant située sur une hauteur. En quittant le bateau, il nous a fallu descendre également dans un canot pour gagner le rivage ; nous étions beaucoup de monde ; aussi quatre furent-ils au grand complet. Il pleuvait à verse au moment où nous sommes arrivés, mais personne n'eut l'idée d'ouvrir son parapluie étant dans le canot ; l'eau qui tombait du ciel était loin de nous occuper autant que l'autre qui, par cette pluie battante tout à coup survenue, avait agité le lac. Le balancement que les flots nous faisaient éprouver commençaient à nous étourdir. Chacun disait à son voisin : « N'ayez pas peur, » et pour son compte personne n'était rassuré. Au bout d'un quart d'heure nous en étions dehors.

Là, sur le bord du lac, vous trouvez des omnibus à quatre chevaux qui vous conduisent tout au haut de Lausanne. La montée est longue et très-rapide. Cela a son agrément pour les voyageurs, car vous avez le temps de voir toutes les charmantes maisons qui bordent la route. A chaque porte, en lettres d'or, sur du marbre, est écrit : *Mon refuge ;* une autre, *Mon repos; Mon tout.* La ville est à peu près comme Genève, mais moins vivante.

C'est à Lausanne que le conducteur de l'omnibus a commencé à refuser nos sous de France ; ils ne veulent pas en recevoir. Chez eux, ce sont des espèces de pièces de six-liards, qu'ils appellent *batz ;* cela vaut trois sous. Plus petit, c'est un demi-*batz*. La plus basse monnaie s'appelle *cruche*. Il faut vraiment l'être un peu pour donner des noms pareils. Le fait est que le Parisien n'est point habitué à compter avec des cruches. Le pont de Lausanne mérite d'être vu ; l'eau ne passe pas dessous ; mais c'est pour faire une route au-dessus des maisons qui sont placées de beaucoup en contre-bas de celles du haut de la ville. Le pont est plat. De chaque côté, il y a une grille en fer. Au-dessous du pont, l'on compte vingt-deux arcades, et au-dessous encore de ces mêmes arcades, d'autres faites en sens contraire, de sorte que cela fait une promenade qui ressemble à une galerie. Nous sommes repartis par la diligence pour Vevay.

La route de Lausanne à Vevay n'est bordée que de superbes coteaux de vignes et de jolies maisons tout au haut. La route est étroite et n'a même pas partout la voie pour deux voitures. Un petit mur d'appui très-bas sépare seulement la route du lac, ce qui ne vous rassure pas ; elle est même très-mauvaise par places. On était en train de refaire certains passages qui, n'étant point encore pavés, risquaient d'enrayer la diligence ou de la faire verser dans le lac. Pour vous dédommager, vous avez de beaux points de vue ; d'un côté ce sont des coteaux de vignes ; de l'autre, en sus du lac de Genève, vous avez toute la chaîne de montagnes du Valais et celles de la Savoie, qui le bordent.

Nous voilà donc enfin arrivés à Vevay, jolie petite

ville bâtie au bord du lac. On y trouve tout ce dont on a besoin. Le bon air que l'on respire, les sites charmants qui l'environnent en font un séjour délicieux qui attire beaucoup de voyageurs. On voit encore les ruines d'un château, des murs très-élevés, entourés de fossés, deux vieilles tours. Il a été bâti tout au bord du lac par le duc de Savoie.

De là, nous sommes allés voir ce qu'on appelle le *Panorama*, placé au haut d'une montagne ; vous y arrivez de chaque côté par une jolie route ; un trottoir pour en faciliter la montée ; tout le long un petit mur d'appui, recouvert d'ardoises qui ressemblent au marbre ; au haut, les deux routes, en se réunissant, font une demi-lune. Vous montez ensuite plusieurs marches, et vous vous trouvez sur une esplanade formant terrasse.

Au milieu est bâtie l'église Saint-Martin, entourée de plusieurs allées de marronniers. C'est là où vous trouvez que cela mérite le nom de panorama. Que de points de vue différents ! que de superbes coteaux de vignes et de jardins anglais ! Vous voyez toute la ville. Vous apercevez de là le bateau à vapeur filant rapidement sur le beau lac de Genève ; vous planez aussi sur les villages qui sont de l'autre côté du lac, et, pour terminer ce joli point de vue, la chaîne de montagnes de la Savoie.

En traversant devant l'église, vous avez d'abord une espèce de petit kiosque où vous pouvez vous asseoir et respirer le parfum des corbeilles de roses placées là ; ensuite, la route des bosquets. Ce sont de jolies petites allées sablées qui, montant et descendant en sens contraires, forment labyrinthe ; elles sont pratiquées dans toute la hauteur de la montagne, et pour vous empêcher d'être étourdi en marchant dans toutes ces allées, on a comblé la distance de l'une à l'autre par des touffes d'arbres et de jolis rosiers. L'allée du haut a au moins trois quarts de lieue ; vous y rencontrez de petites tentes en bois pour vous mettre à couvert.

Dans presque toute la Suisse, on ne néglige rien pour rendre agréables toutes les routes, les promenades. Le lendemain, nous avons loué une petite voiture pour aller à Chillon, à deux lieues de Vevay ; la route continue, comme de Lausanne, à suivre le lac ; elle est coupée au milieu de coteaux de vignes. Tout le long, vous ne rencontrez que de très-belles propriétés et de magnifiques châteaux, placés si haut que vous ne comprenez même pas comment les voitures peuvent y arriver. Derrière, cependant, il y a des montagnes beaucoup plus hautes, dont les arbres ont des feuilles de toutes couleurs, vert clair, vert pré, vert bouteille, rouge, jaune ; c'est d'un effet merveilleux de voir ces hautes montagnes ainsi tapissées.

Avant d'arriver à Chillon, nous nous sommes arrêtés à Montreux, petite ville bâtie tout au bas des montagnes ; elle est loin d'être belle, mais par sa situation l'air y est très-doux et attire beaucoup d'Anglais qui vont y passer l'hiver. Dans la ville, il y a un pont fait au-dessus d'un ravin qui a au moins 300 pieds de profondeur, creusé par les eaux qui tombent d'une montagne en si grande quantité que le bruit vous étourdit. Nous sommes entrés dans une petite maison placée au haut et tout au bord du ravin, afin de pouvoir, par la fenêtre, mieux en voir l'effet ; eh bien, à peine si l'on s'entendait parler à cause du bruit du torrent. Ces malheureux y sont habitués et dorment là paisiblement. Nous avons repris notre route pour aller à Chillon ; en moins d'une demi-heure nous y étions.

Chillon est un château-fort bâti dans le lac ; pour y arriver, vous traversez un pont, car du côté de la route il y a un large fossé, doubles murs remplis de meurtrières, et, du côté du lac, plusieurs tours également remplies de meurtrières ; au bout du pont, vous entrez par une porte cochère qui, par son épaisseur, ressemble à celle d'une prison. Après avoir fait quelques pas, l'on vous ouvre une grille de fer qui, pour plus de solidité, est faite à barreaux croisés. La cour est très-petite ; en face est encore une autre porte qui communique à une seconde cour qui conduit aux appartements. Revenons d'abord à la première. Le gardien qui est chargé de faire voir et d'expliquer tout était venu au-devant de nous avec un trousseau de clefs dont la longueur de plusieurs ne vous indiquait point l'entrée d'un boudoir. Effectivement, car c'était celles des souterrains. Il nous a fait descendre d'abord dans la salle des Gardes, dont le plafond est fait comme celui d'une église ; les fenêtres ont 1 mètre de haut et 20 centimètres de large. Ensuite l'on vous fait entrer dans le souterrain où l'on lisait aux criminels leur sentence ; ils étaient couchés pendant ce temps-là sur une pierre ; derrière cette même pierre était la potence. Sitôt exécutés, on les jetait dans le lac par un trou pratiqué pour cela.

Nous avons passé ensuite dans un autre souterrain : c'était la prison où un nommé *Bonivart*, archevêque, est resté six ans attaché par une chaine de fer à l'un des piliers ; il était célèbre par la peinture. Un de ses anciens élèves ayant cherché à le sauver a été également emprisonné. Ce pauvre jeune homme était parvenu à rompre ses chaines et n'avait plus que le lac qui le séparait de la route. Sachant nager, pour lui ce n'était point un obstacle ; mais au moment où il croyait retrouver cette liberté que sa générosité lui avait fait perdre, il s'élança dans le lac et tomba malheureusement sur une grosse pierre qui lui fendit la tête. La prison est très-longue, à peine si l'on y voit ; au fond, quelques meurtrières éclairent cette prison : ce n'est que par là qu'ils avaient de l'air et, pour les distraire, d'autres bruits que les flots du lac qui viennent s'y briser. Sur toutes les colonnes chaque visiteur écrit son nom. Nous en avons lu plusieurs, tels que ceux de Victor Hugo, lord Byron et beaucoup d'autres. Il vous tarde d'être dehors, car tout cela vous fait un effet comme si cela se passait à l'instant. Le silence qui règne là-dedans n'est interrompu que par le bruit du lac. D'un autre côté, le peu de jour qu'il y a ne laisse pas que de donner beaucoup d'humidité ; vous vous sentez les sens glacés et êtes trop heureux de remonter dans la cour pour vous remettre de toutes vos impressions.

Ce château a été bâti il y a à peu près mille ans par les ducs de Savoie, petits-fils de Charlemagne. Nous sommes montés aux appartements par un escalier à peu près semblable à ceux que l'on trouve aujourd'hui pour monter au grenier, seulement un peu plus large et tout en pierre. C'est en voyant des châteaux bâtis en ce temps-là, que l'on peut apprécier combien l'architecture a fait de progrès. Nous avons vu l'oratoire, une table noire massive y est restée ; ensuite les chambres à coucher et autres aussi mal distribuées que possible. Par l'escalier vous avez d'avance jugé les appartements.

Au rez-de-chaussée était la cuisine qui formait en même temps salle à manger ; l'on y voit encore le tourne-broche. Ce qui prouve combien autrefois l'on tenait peu au luxe, puisque des descendants de Charlemagne mangeaient dans leur cuisine. Aussi, il est vrai de dire que ce n'était pas faute de terrain, car aujourd'hui nos petits bourgeois, dans le même espace, mettent un appartement complet. Le rez-de-chaussée en partie était réservé pour les équipages de guerre : aujourd'hui on s'en sert comme dépôt pour mettre tous les affûts de canons et armes qui peuvent être utiles pour la défense du canton.

Dans le bâtiment opposé aux appartements nous avons vu les oubliettes. L'on faisait descendre aux criminels trois marches et, comme l'endroit était obscur, au moment de mettre le pied sur la quatrième marche, ils tombaient dans un trou de 90 pieds de profondeur. Après avoir vu cela, l'on nous a fait sortir par la porte qui communique à la petite cour par laquelle nous étions entrés. Nous avons satisfait le gardien et nous sommes remontés dans notre voiture.

Nous n'avions pas déjà assez de toutes nos impressions, il nous fallut encore supporter un orage en revenant. Nous ne fûmes pas plutôt à une demi-lieue de Chillon, qu'une pluie battante commença. Nous avions une voiture forme milord ; malgré un parapluie, l'eau trouvait encore moyen de fouetter dedans. Ce n'était encore rien ; mais le vent, que le lac attirait, était effrayant à entendre ; les flots représentaient ceux de la mer. Comme la route suit toujours le lac, je craignais que la voiture ne vînt à verser par un coup de vent. Moi, de mon côté, je perdais haleine ; j'avais beau me mettre dans la voiture à contre-sens du vent, rien ne me faisait. L'embarras vous fait trouver des moyens : j'eus l'idée de m'envelopper la tête entièrement avec mon châle, et je repris alors respiration du moment où je ne sentis plus cet air si vif. Il me fallait une occasion pareille pour regretter un instant d'avoir quitté le souterrain de Chillon. Un peu avant d'arriver à Vevay, l'orage était passé.

Pour terminer notre journée, nous sommes allés

voir à Vevay le charmant château de M. Lecouvreur, formant tout à fait contraste avec celui de Chillon. Rien de plus coquet, de plus enchanteur : c'est d'une élégance qui ressemble un peu au genre du Petit-Trianon, à Versailles. Ce château, d'un genre gothique, est orné aux quatre coins de jolies tourelles, dont les flèches sont dorées, ainsi que celle du milieu, qui est de beaucoup plus haute. Les pierres avec lesquelles il a été bâti sont couleur vert pomme. Il a à toutes les fenêtres des stores à larges raies jaunes et blanches; une jolie galerie vitrée en verres de couleur, donnant sur une superbe terrasse remplie d'orangers dignes d'être mis aux Tuileries; les fleurs les plus rares forment de jolies corbeilles. Au bas de la terrasse sont plantés des ifs d'une grosseur et d'une beauté comme on en voit peu. Devant le château, une jolie pièce d'eau. Le jardin anglais est d'un goût exquis; tout est réuni : de petits monticules d'où vous voyez le lac; de petits faux-fuyants de tous côtés. Pour cacher les murs, ils ont une espèce de lierre à feuilles rouges; cela fait un effet charmant. Rien qu'en voyant la reserre, on peut juger de la quantité d'arbustes qu'il y a dans le jardin; cent personnes pourraient facilement y danser. De chaque côté, une serre chaude; à la suite une jolie volière et une infinité d'autres choses.

Pour pouvoir juger du luxe qu'il doit y avoir partout, il suffira de savoir que ce château, qui ne contient en tout que trois arpents, a coûté à bâtir, il y a deux ans, au moins un million. Il n'est séparé du lac que par quelques allées bien couvertes servant de promenades publiques. Ce ne sont pas les promenades qui manquent. De tous côtés où vous portez vos pas, vous êtes dans le ravissement. Oh! charmante petite ville de Vevay, adorable endroit où la nature a tant fait pour toi! heureux les voyageurs qui viennent te visiter toi, et tes superbes coteaux de vignes chargées de grappes dorées, où vous montez par de petits sentiers pratiqués entre deux murs très-bas et par lesquels une seule personne peut passer, tant tu crains de prodiguer ton terrain fertile; çà et là, seuls, séparés l'un de l'autre, vous apercevez un châlet, une chaumière, une maison, et enfin un château; chacun semble dire au voyageur, du haut de la montagne : Eh! du courage! Monte, le coup d'œil que tu verras chez moi te payera grandement les palpitations que la montée t'aura causées. Eh bien, oui! j'ai ressenti ce que j'écris; plus une habitation était haute, plus l'envie d'y arriver me donnait de courage et de curiosité. Etant arrivé, que de belles choses à contempler ! l'œil ne sait où s'arrêter. Les montagnes, les coteaux, les châteaux, le lac, les clochers des églises, tout vous apparaît à la fois. Aussi, me suis-je écriée tout de suite : Mais il me semble qu'en ce moment tout est au-dessous de moi! Effectivement, là j'avais tout vu, même des montagnes couvertes de neige par un soleil superbe. Cependant, après avoir tout admiré, il m'a fallu redescendre pour me trouver à la hauteur de tout le monde.

Combien l'on est heureux quand l'on peut voyager !
Que de chefs-d'œuvre restent inconnus à celui qui ne
quitte pas son foyer ! Vous appréciez toute la grandeur
et la puissance de Dieu dans les voyages. Combien de
choses a-t-il fait pour charmer le voyageur ! A côté
de montagnes remplies de glaçons vous apercevez la
verdure, les vaches paissant dans la prairie. Tantôt,
les montagnes, les torrents, les ravins, vous effrayent
à ne plus oser parler ; plus loin, le charme des coteaux,
des fleurs les plus rares vous ramènent votre gaîté. Il
semble que dans chaque pays, pour attirer le voyageur, la nature ait fait quelque chose de remarquable. Le gourmet, comme l'artiste, a ses goûts satisfaits. Chaque pays vous offre à manger des choses
excellentes de sa récolte, dont vous ne connaissez à
Paris que le nom sans en connaître la qualité. Tel
qu'à Genève : l'eau y est d'une douceur remarquable
et la truite excellente. Ailleurs, c'est le lait, les
fruits, le vin. En un mot, au bout de votre voyage
vous avez goûté à tout ce qu'il y a de meilleur, de
plus recherché, et vous finissez par vous dire : Mais
c'est un défaut qui n'est déjà pas trop à dédaigner
que la gourmandise. Mais pour l'artiste, pour l'homme
qui veut s'instruire, que de chefs-d'œuvre vous rencontrez ! Dans une ville, c'est une église ; dans une
autre, c'est un château antique, historique ou mo-
derne, un pont extraordinaire ; plus loin, des montagnes inabordables, où cependant il y a des humains
dans des châlets ; ils restent là toute leur vie sans

manger de viande et même pas de pain, le blé n'y venant pas ; ils se contentent de pommes de terre. Autre part, des lacs qui, par leur étendue, ressemblent à la mer ; des cascades qui descendent des montagnes avec fracas, emportant avec elles des pierres énormes : ce sont ces mêmes cascades qui creusent des ravins tellement profonds, qu'il faut s'armer de courage pour en regarder le fond. Ah ! s'il faut, pour voir tous ces effets de la nature, passer quelques nuits en diligence, être couchés plus ou moins mollement, quelquefois même être en retard de ses repas, bagatelle que tout cela ! Vous ne payez pas avec si peu de chose tout le bonheur que vous avez. Oh ! je suis bien sûre que tous ces hommes d'État qui, par opinion, sont dans des cachots et vivent si longtemps encore, ont dû voyager avant. Leur esprit, étant meublé de tant de belles choses, leur tient lieu de compagnie, et tous ces souvenirs leur font oublier leurs souffrances présentes.

Nous sommes allés voir le château d'Hauteville, à deux lieues de Vevay. Bâti au haut d'une montagne, ce château a trois ailes de bâtiments et de superbes fermes autour. L'entrée est par une belle grille. Après avoir traversé une longue avenue de marronniers, on se trouve dans la cour principale du château. Nous sommes allés dans le parc qui, n'étant rempli que de monticules, vous procure dans toutes les allées une vue magnifique. Au milieu du parc, sur une très-haute butte, se trouve un temple rond, en pierre, entouré de colonnes ; il est élevé par cinq marches : là, étant assis, vous pouvez dire : La nature m'a fait voir tout ce qu'elle possédait de plus beau ; votre cœur bat de joie, étant dans ce temple ; la plume aussi bien que le peintre ne peuvent ni vous faire ressentir la joie du coup d'œil ni vous peindre toute cette belle nature enrichie de bon air et parfumée par ces belles fleurs. Si j'étais princesse, je donnerais la préférence à ce château sur celui de Saint-Cloud pour les points de vue ; quant aux appartements, une cour peut très-bien y loger : tout est grand, vaste, digne d'être habité par des princes du sang.

L'on nous avait parlé du vieux château de Blonay. Comme touristes, il ne nous fut pas possible de passer cela sous silence, d'autant plus que, d'après les renseignements, il ne fallait qu'une heure pour y aller ; pour nous ce n'était rien ; nous voilà donc partis.

Au bout de deux heures, bien loin d'être arrivés, nous ne reconnaissions même plus les chemins qui nous avaient conduits si loin, car sans doute serions-nous retournés sur nos pas. Tous les paysans, sous prétexte de nous faire prendre des chemins de traverse qui, disaient-ils, raccourcissaient le chemin, ne faisaient au contraire que nous retarder. Enfin, après bien des détours, nous arrivâmes à la grande route, qui nous y eût conduits tout droit. Nous étions si fatigués que, quoiqu'on nous le faisait apercevoir de loin, nous ne savions même pas si nous devions avancer. Mais la curiosité l'emporta sur la fatigue. Après avoir monté dans une espèce de long labyrinthe, nous trouvâmes au haut le vieux château de Blonay, bâti il y a huit cents ans, beaucoup trop tôt pour la quantité de voyageurs qui, comme nous, ont dû être attrapés en allant si loin pour le voir. La seule chose qu'il y ait de bien, à mon idée, ce sont des murs d'une hauteur extraordinaire, pour le cacher tant il est laid. Nous sommes enfin partis pour Fribourg.

C'est en quittant Vevay qu'il faut voir le point de vue. Vous pourrez en juger, quand je vous dirai qu'au bout d'une heure et demie que nous étions partis, nous étions encore en face de l'hôtel, de manière à voir très-bien une personne qui aurait été à la fenêtre. Les chevaux montent cependant au trot ; eh bien, ils mettent deux heures pour arriver au haut de la montagne. Des maisons que nous avions remarquées étant à Vevay, qui, par leur élévation, semblaient toucher aux nuages, après avoir désespéré de pouvoir jamais y monter, même à pied, nous avons été tout étonnés de nous trouver à passer devant. Tout cela surpasse l'imagination. La route ne vous laisse pas un instant de repos : toujours du nouveau ; vous ne vous appartenez pas ; l'on se mouche en regardant si l'on ne veut rien passer. Au haut de cette montagne de Vevay, vous avez des prairies magnifiques et une quantité de châlets ; ils sont les uns sur les autres. Combien c'est champêtre de voir toutes ces belles vaches couchées dans la prairie ! On ne les rentre pas la nuit dans la ferme pendant six mois ; le soir, elles vont se coucher d'elles-mêmes dans le châlet placé au milieu de la prairie. Que de jolies petites chèvres! Le bruit seul des grelots des chevaux de la diligence les font sautiller, tant elles sont habituées à n'entendre que le bruit du feuillage. Une très-belle verrerie se trouve le long de la route.

Vous faites au moins six lieues dans des prairies et un joli petit bois. On croirait, après avoir monté cette butte de Vevay, être arrivé à la plus haute; eh bien, vous retrouvez autour de ces mêmes prairies des montagnes encore aussi hautes que celle que vous venez de quitter. Je crois que c'est le cas de dire, comme Saint-Thomas : Je croirai cela quand je le verrai. Eh bien, je le désire pour mes lecteurs. Celui qui ne connaît que Paris voit ce que l'homme a fait de plus beau; mais celui qui voyage en Suisse voit les merveilles du créateur, tout ce qui n'est pas permis à l'homme même d'imiter.

Nous voici rendus à Fribourg, ville fortifiée, très-bien bâtie, mais triste. Nous sommes allés voir le magique pont en fil de fer, de 905 pieds de longueur sur 175 pieds de hauteur. Après l'avoir traversé, nous sommes descendus dessous par de petites allées qui forment la dent de feston. Quand vous regardez ce pont d'en bas, il est fait si délicatement et si élevé, qu'il ressemble, par sa forme, à l'arc-en-ciel. Ensuite, nous sommes allés passer sur le second pont. Celui-là n'a que 600 pieds de long; mais en revanche il est beaucoup plus haut : 234 pieds. Sous chaque pont passe la *Sarine*, rivière formée par les neiges, large comme la Seine, mais dans certains endroits. Ce sont des chefs-d'œuvre que ces deux ponts. Le second est si haut, qu'il y a de quoi vous donner le vertige à passer dessus. Etant arrivée au milieu, bien loin d'ouvrir les yeux, je les fermais, jusqu'à ce que je fusse arrivée à l'autre bout; car, au moins, si vous avez la hauteur qui vous effraye, vous avez le pied en sûreté.

Nous avons suivi la route qui communiquait au pont, et nous sommes allés de là voir la charmante petite chapelle appelée Notre-Dame-de-Lorette. Elle est tout entourée au dehors de saints qui sont dans leur grandeur naturelle, et une petite tour au-dessus; en dedans est un autel. C'est de cette chapelle, qui se trouve bâtie au milieu d'une petite terrasse, qu'il faut voir la ville. Vous vous trouvez au moins à 1,500 pieds d'élévation; vous découvrez d'abord la Sarine et toutes les maisons qui la bordent, et bien d'autres au-dessus. Elles sont bâties sur un terrain qui va tellement en montant, qu'en regardant la ville de Fribourg, l'on peut comparer toutes ses maisons à des arbres plantés du haut en bas d'une butte. Cela fait même deux genres de monde : le haut de la ville est occupé par des personnes très-riches, et le bas par des malheureux. Pour descendre du haut de la ville dans plusieurs rues, pour trottoirs, ce sont de larges marches. Ainsi, jugez de la difficulté que les voitures doivent avoir. Aussi attachent-ils les quatre roues ensemble, et ont-ils encore bien de la peine à descendre, tout en n'ayant que très-peu de charge.

Dans Fribourg, vous ne rencontrez, à chaque instant, que des prêtres en soutane et des moines de plusieurs ordres. Les cordeliers et les capucins se promènent dans la ville avec leurs robes surmontées de capuchons et le chapelet au côté. C'est un pays où il y a beaucoup d'églises et de couvents. Nous sommes allés dans celle des cordeliers. Le maître-autel, ainsi que dix autres autels de chaque côté de la nef, compris même la chaire, sont tous en marbre de plusieurs couleurs : l'un est noir et blanc, l'autre jaune et noir, rose et gris, vert et blanc, et tous remplis de dorures superbes. Le public entre bien dans l'église pour assister aux offices, mais il est séparé des moines par une grille qui ne lui permet pas d'avancer auprès de tous ces riches autels.

Nous avons vu aussi le palatinat, superbe château bâti tout au haut de la ville. Devant est une grande et large terrasse, d'où l'on a une vue magnifique. L'on passe d'un appartement à l'autre par des galeries vitrées. Le parc est très-grand; une énorme volière, remplie d'oiseaux très-rares, est placée à l'entrée.

De là, nous sommes allés visiter le lycée de Fribourg. Ce bâtiment a 19 fenêtres de front devant, et dans la cour, 9 au milieu et deux ailes à 9, ce qui fait 27 de ce côté. C'était un lycée dirigé par des prêtres, et tous les jeunes gens de grande famille y étaient élevés. Mais, à la suite d'une révolution, les prêtres furent chassés et le lycée fermé, ce qui a fait beaucoup de tort au commerce.

L'hôtel Zahringun, placé au coin du pont, est le plus bel hôtel garni de Fribourg. Sur une belle terrasse, est construit un petit kiosque dont l'entrée est fermée par des rideaux rouges. L'on vous fait regarder au travers d'une glace grossissante rouge feu : vous voyez la rivière, les montagnes et la ville tout en feu ; on ne peut vous rendre la chose plus au naturel. Cela vous fait frissonner au premier coup d'œil ; mais vous avez la tranquillité de savoir qu'en vous retournant, rien n'est à déplorer.

Il y a encore à Fribourg l'église Saint-Nicolas, très-remarquable par son architecture. Sous le portail, sont représentés en relief l'enfer et le paradis. La tour a presque le double de hauteur de celle de Saint-Eustache, à Paris. C'est dedans qu'il faut voir le jeu d'orgues tout doré, mais surtout entendre. De tout pays, en Suisse, vous êtes avertis de ne pas passer à Fribourg sans les faire jouer. Oh ! combien nous aurions perdu, si nous n'eussions pas eu cette chance !

Le soir, l'on vint prévenir à l'hôtel que les personnes qui désiraient entendre les orgues voulussent bien se rendre à l'église. Aussitôt, l'on s'empressa d'y aller. Nous nous trouvâmes réunis une quinzaine de personnes. L'église n'était éclairée que par une grosse lanterne placée devant les stalles où nous étions assis. Tout était silencieux autour de nous ; à

peine si l'on osait parler, dans la crainte d'éprouver
la moindre distraction au moment où l'on pourrait
commencer. Après avoir attendu une demi-heure,
tout à coup nous vîmes une lumière dans les orgues,
signal qui nous annonça que l'organiste arrivait. Son
premier morceau fut un air des plus touchants. L'on
croyait entendre des voix humaines qui se répondaient
dans le lointain. Les larmes me vinrent aux yeux de
suite, tant c'était harmonieux. L'on se trouve comme
électrisé par ces doux accents. Sans entendre arti-
culer une parole, ces sons si purs, si mélodieux,
semblaient vous dire : Si tu aimes, ton cœur te le
dicteras. Quoique l'on soit prévenu que personne
ne chante; que les orgues seules imitent la voix de
l'homme, vous vous demandez l'un à l'autre : Est-ce
bien sûr que personne ne les accompagne? Non, les
anges dans le ciel ne peuvent avoir une plus belle
voix. En fermant les yeux, l'on se croirait à l'Opéra,
sauf la différence des voix ; car Mesdames Damoreau,
Casimir, Stoltz, et enfin Chollet et Duprez, tous nos
meilleurs chanteurs, en général, sont obligés là de
s'incliner; et malgré le tort que cette rivalité vient
opposer à leur talent, sachant apprécier mieux qu'un
autre les difficultés de la musique, ils ne doivent
qu'admirer l'auteur dans ce chef-d'œuvre. A la suite,
l'on a joué l'*Orage*. Il est survenu tout à coup un
vent impétueux qui semblait siffler dans les montagnes; le tonnerre commençait à gronder; l'on sonna
la cloche pour avertir les paysans de se mettre en

prière. Au même moment, la pluie se mit à tomber si fort, que c'était à vous donner envie d'ouvrir votre parapluie; le tonnerre continua encore et le vent. Mais la prière aussitôt commença, un cantique se fit entendre; du fond de la montagne, les voix les plus pures se réunirent pour implorer la miséricorde de Dieu, qui semblait déjà vouloir diminuer son courroux. Le vent, la pluie, continuèrent encore; mais ce charmant cantique, plaisant sans doute à Dieu, fit cesser cet orage, qui, je vous réponds, ne devrait jamais finir, si l'on consultait les personnes qui sont là.

En allant nous promener dans Fribourg, nous avons vu un escalier qui a 365 marches, et encore est-il bien roide à monter. Il est fait le long d'un roc, simplement en bois, avec un petit toit dessus. C'est pour abréger le chemin aux personnes qui ont affaire au haut de la ville.

Nous sommes enfin partis pour Berne. Il fallait passer en diligence sur le pont magique. Chaque voyageur s'occupe, étant dessus, à regarder à quelle distance il est. L'un dit : « Oh ! nous voilà au quart; » l'autre, un instant après : « Nous voilà à moitié. » Cela paraît d'autant plus long, que les voitures ont ordre d'aller au pas. L'on soupire malgré soi, quand on voit la sortie du pont; car, par le fait, il n'est pas rassurant de se voir sur un pont aussi long et sans avoir le moindre soutien dessous. Les deux bouts seuls supportent tout le poids.

Vous commencez, en sortant de là, par monter une montagne très-longue. La route n'est pas trop effrayante ; au moins les précipices en sont-ils éloignés à la distance de deux mètres : alors on se croit en sûreté ! Seulement, nous avons passé la nuit dans une forêt très-épaisse, à peine si l'on y voit le jour, tant les cyprès sont drus et hauts. La route est très-étroite et tourne toujours ; l'on met au moins deux heures à la traverser ; c'est le moment, je vous en réponds, de compter les voyageurs et de désirer que la voiture soit complète, quitte à être moins à l'aise, mais au moins plus tranquille.

L'entrée de Berne est par une belle grille surmontée de deux ours en marbre blanc et deux vivants dans des fosses : ce sont les armes de la ville. L'on est sûr, à Berne, de ne rencontrer que des personnes aimables, puisque les ours sont mis à la porte. C'est vraiment une ville extraordinaire pour avoir des arcades presque dans toutes les rues.

Le lendemain de notre arrivée, il a plu à verse toute la journée. Nous nous sommes promenés au moins quatre heures sans ouvrir notre parapluie que pour traverser les rues. Il y a des boutiques tout le long. Ce qu'il y a de fâcheux à ces arcades, c'est qu'elles sont beaucoup trop basses, et ressemblent un peu à des voûtes de caves. Aussi commencent-ils à en faire de nouvelles, et pareilles à celles de la rue de Rivoli. Toutes leurs maisons sont très-belles du côté de la façade ; mais elles sont presque toutes sans porte cochère ; une large allée en forme l'entrée ; les remises et écuries sont de chaque côté. Nous avons passé dans une rue où les locataires des cinquièmes se trouvent au rez-de-chaussée, moyennant un pont, devant leur logement, qui va rejoindre la rue en face, de sorte que, quand ils vous donnent leur adresse, vous choisissez au cinquième dans la rue basse, ou bien au rez-de-chaussée dans l'autre. Je pense qu'une grande partie de leurs visites doivent arriver de préférence par la fenêtre. L'église des protestants est très-belle ; les orgues sont richement dorées et la musique admirable, mais bien au-dessous de Fribourg. A côté de l'église, il y a une très-belle promenade qui forme terrasse, d'où vous voyez toute la chaîne de montagnes de neige qui sépare la Suisse de la Lombardie. Derrière est l'Italie. Ces montagnes-là sont remplies de neige toute l'année. Plus loin, nous sommes montés sur les remparts, dont ils ont fait une bien jolie promenade : partout des bancs à dossiers qui se retournent, et des planches pour élever vos pieds. A Berne, comme dans toute la Suisse, ils n'ont rien négligé pour satisfaire le voyageur. Ils savent que leurs montagnes sont pénibles, fatigantes, et qu'il faut au moins pouvoir trouver à se reposer.

Nous étions partis pour monter sur la plus haute montagne des environs de Berne, où, sur le sommet, est bâtie une seule maison servant d'auberge. Au bout d'une heure et demie de marche, nous étions arrivés à l'entrée du bois. Nous voyions bien la maison, qui nous paraissait à une distance de cinq minutes; et cependant, pour y arriver, il fallait encore au moins une demi-heure. Ces montagnes-là sont tellement roides, que ce n'est qu'à force de zigzag que l'on parvient au sommet. Nous commencions à être bien fatigués de la montée, sans compter que, par l'élévation où nous nous trouvions, le vent devenait si vif, que c'était à s'enrhumer. Raisonnablement, nous trouvâmes qu'il valait mieux regarder de là, que d'aller chercher si haut peut-être une fluxion de poitrine.

En retournant à Berne, nous avons admiré de tous côtés cette belle verdure arrosée par la rivière de l'*Aar*. Nous sommes descendus, à Berne, hôtel du Faucon. Dépeindre le bon genre de l'hôtel, le service de table, et les mets recherchés que l'on y servait, deviendrait inutile, quand je vous dirai que j'avais à côté de moi l'ambassadeur de Prusse, en face l'ambassadeur d'Espagne et son secrétaire, un diplomate et deux fils de milords. Quand on n'a d'autre titre que celui d'être de la garde nationale ou électeur, au milieu de personnes aussi haut placées, c'est de se donner le nom de touriste : c'est ce que nous avons fait. C'est toujours quelque chose de flatteur, que de pouvoir dire : J'ai diné plusieurs fois avec des ambassadeurs. Ces Messieurs ont été très-aimables; chacun a parlé bien à son aise; l'ambassadeur d'Espagne m'a même offert des croquets, comme étant les meilleurs du dessert; aussi me suis-je empressée d'en accepter, étant présentés par lui. Nous avons ri avec ces Messieurs comme l'on ne rit pas à Paris avec les négociants parvenus. Le quatrième jour, après le dîner, nous leur avons fait nos adieux, ainsi qu'aux excellents dîners de Berne, pour, plus loin, aller goûter du *Neufchâtel.*

La route qui vous y conduit est très-belle : peu de précipices ; c'est presque toujours des vallées à perte de vue et quelques bois très-touffus ; pendant une partie de la route, ce sont des sources qui bordent les chemins. Ce que nous avons rencontré de plus dangereux, ce sont deux ponts qui font l'entrée et la sortie de la petite ville Arberg. Ils sont en bois ; de chaque côté, de vilaines arcades très-basses qui soutiennent un toit au-dessus du pont. Il y fait peu clair, même en plein jour. La voie n'y est faite que pour une voiture. Il y a un inspecteur à chaque bout pour avertir. La rivière qui passe dessous est très-large, et le courant rapide. Depuis ce pays jusqu'à Neufchâtel, l'on ne rencontre guère que des chaumières, et des gens qui paraissent bien malheureux. Leurs terres ne sont d'aucun rapport ; c'est un peu le genre de la Savoie, sauf qu'ils habitent un pays plat. Tout près de Neufchâtel, ils sont un peu moins malheureux. On les voit faire du vin blanc dans des tonneaux qui sont placés au bas des coteaux et le long de la route.

Nous sommes arrivés le soir, sur les dix heures, à

Neufchâtel. Après avoir soupé, nous sommes allés nous reposer. Le matin à notre réveil, la tête encore sur l'oreiller, nous nous aperçûmes que nos fenêtres donnaient sur le lac. Il n'y a vraiment qu'aux voyageurs que sont réservées de telles surprises. Ne connaissant pas la position de l'hôtel où nous étions, le lac nous avait fait, le soir, l'effet d'un brouillard très-épais. Remplacé, le matin, par le charmant lac de Neufchâtel, nous avions même le plaisir de voir embarquer tous les voyageurs qui prenaient le bateau à vapeur pour aller à différents endroits. Ce lac a encore au moins neuf lieues de long sur deux de large. La ville est très-gentille ; il n'y manque pas de belles maisons qui peuvent rivaliser avec celles de Paris. Il y a même beaucoup de millionnaires à Neufchâtel. Les promenades ne manquent pas non plus devant le lac. Nous sommes montés à la hauteur de près de treize étages par de jolies petites allées faites en zigzag. Au haut était la route qui nous a conduits à ce qu'ils appellent les Gorges-de-Sillon. Ce sont deux montagnes excessivement hautes, qui ne sont séparées l'une de l'autre que par un torrent qui descend au milieu en faisant un bruit épouvantable. Nous y sommes montés par un chemin plein de pierres qui borde ce torrent.

On se croirait dans un désert si ce n'était le bruit qui vous étourdit ; il faut vouloir écrire son voyage pour aller voir cela d'aussi près. Ce même torrent ne s'arrête pas là, il passe au milieu de côteaux de vignes et va entrer dans un tunnel. C'est de l'autre côté qu'il faut aller pour le voir sortir. La trouée est large et haute comme une porte cochère ; l'eau qui sort par là tombe sur quatre autres esplanades de roc, c'est un bruit à n'y pas tenir. Au moment de la fonte des neiges, quoique ce trou soit entre deux rocs et à une distance de plus de 70 pieds de la route, l'eau trouve encore moyen de sauter quelquefois dessus quand le torrent est trop violent. Il passe sous cette même route, bien entendu, et va se jeter dans le lac.

Nous sommes allés à la fabrique de papier de *Serrières,* non pour voir fabriquer le papier, quoique cela en valût la peine, mais pour voir l'effet d'une rivière commençant à sa source. Le portier de l'établissement est chargé de faire voir cela, d'autant plus que c'est dans leur terrain. Après nous être adressés à lui, il nous a fait traverser toutes les cours de la fabrique ; il a ouvert une grille qui communiquait à cette source. Au bas d'une haute montagne vous voyez sortir l'eau à trois endroits, gros comme un petit ruisseau ; à peine si cela fait un pied d'eau tout auprès, par terre, à vos pieds, mais vous êtes en élévation. A cette place, vous voyez dix-huit jets d'eau qui sortent de la terre, et à une distance de moins de vingt mètres, la force de l'eau fait déjà tourner une énorme roue ; ils sont même obligés de séparer l'eau, car le torrent devient si fort qu'il inonderait tout. Devant la fabrique il est si furieux qu'il écume comme la mer ; je ne sais comment l'on peut travailler à ce bruit. Passé la fabrique, il n'est plus si rapide, ayant un cours plus direct, et prend le nom de rivière, la Serrières en un mot. Elle passe dans la petite ville, et rend de grands services à toutes les fabriques qui s'y trouvent.

Pour oublier toutes ces impressions, en revenant de là, nous sommes allés nous promener, à Neufchâtel, dans un endroit qui ressemble aux Champs-Elysées. Allées d'arbres, une barrière en bois qui sépare une jolie petite route où passent les voitures, bordée dans toute la longueur de superbes maisons ayant un joli parterre devant, dans le genre de l'avenue Gabrielle : tout cela est en petit, il est vrai ; mais ce qu'il y a de beaucoup plus beau que dans les Champs-Elysées, c'est une pelouse parsemée de corbeilles de fleurs, et le lac tout au bord de cette promenade. Au bout, il y a une espèce de grand labyrinthe orné de jolies allées sablées et de plates-bandes de fleurs. Nous sommes restés longtemps à admirer l'effet du soleil qui, par ses rayons, semblait avoir parsemé d'étoiles tout le lac. L'œil est toujours occupé : ce sont de petites chaloupes qui font la traversée d'un pays à l'autre, des barques de pêcheurs, ou de jolis petits canotiers faisant des parties sur l'eau. Ils sont plus ou moins poussés vivement par les flots qui sont très-forts sur le lac de Neufchâtel. Quoique n'étant pas avec eux, vous éprouvez les mêmes sensations. Quand l'un arrive à bon port, vous avez du plaisir, et quand il se débat au milieu des flots, vous vous sentez comme effrayé, en pensant au danger qu'il court, sans compter que sur le lac de Neufchâtel il arrive souvent des accidents produits par le grand vent qu'attirent les montagnes. L'on resterait un temps infini à les regarder si autre chose ne venait exciter votre curiosité. En nous retournant, nous avons aperçu de charmantes habitations tout au haut des montagnes, et nous avons voulu y monter. C'est d'un effet si pittoresque de gravir les montagnes de la Suisse que vous oubliez la fatigue par le coup d'œil que vous avez et le bon air que vous respirez. Toutes les maisons sont d'un goût si recherché que vous voudriez ne pas en manquer une.

Après nous être bien promenés sur les montagnes, nous sommes allés voir le château de Neufchâtel, où se tenaient autrefois les séances du roi de Prusse. Aujourd'hui que ses droits ont été méconnus, il est occupé par la chancellerie, les bureaux militaires et autres. C'est un château lourd avec tourelles, meurtrières et deux trous pour boulets à canon, placés de chaque côté de la porte cochère, qui forme voûte. De ce château vous dominez sur le lac et la ville. Devant il y a une église de même architecture. En descendant du château nous avons vu aussi la tour Diez, bâtie par les Romains; tout cela n'est remarquable que par son ancienneté, car c'est d'un lourd à durer éternellement. Ce qu'il y a de risible en Suisse, c'est que toute la nuit vous avez des hommes qui sont chargés de vous dire en chantant : Ne craignez rien, dormez en paix, il a frappé telle heure. Vous ne les entendez que si vous êtes éveillés d'avance, car l'air qu'ils ont choisi et la voix de l'homme, tout est si harmonieux, que c'est sans doute une attention de leur part pour faciliter le sommeil le plus rétif, car on se trouve de suite, sous cette influence, dans un repos profond.

Nous avons pris congé de Neufchâtel pour aller à *Bienne*. La route qui vous y conduit occupe tous vos instants ; vous avez d'un côté de jolis coteaux de vignes surmontés des montagnes du *Jura*, qui semblent se donner le mot pour la hauteur. Elles sont enchaînées les unes par-dessus les autres, c'est à qui sera la plus haute. De l'autre côté de la route vous suivez le lac de Neufchâtel. Une demi-lieue après l'avoir quitté, il est remplacé par le lac de Bienne, d'un tiers plus petit. Vous voyez en passant l'île Saint-Pierre, remarquable à ce titre que J.-J. Rousseau vint y finir ses jours. De tous côtés l'on y vient comme en pèlerinage pour voir sa chambre, restée telle qu'elle était. Passé l'île, la route devient plus dangereuse ; elle est taillée dans un roc et est très-étroite. Beaucoup d'endroits sont sans garde-fous, quoiqu'en bordant toujours le lac. Entre Neufchâtel et Bienne nous avons vu tomber d'une montagne trois chutes d'eau très-rapides, formant ensemble une très-jolie cascade.

En arrivant à Bienne, nous sommes allés de suite visiter la ville, qui est assez gentille. Il y a de grandes allées de marronniers, formant boulevard, devant de très-belles propriétés, une entre autres, qui est entourée d'une jolie petite rivière. Il y a quelques fabriques de cigares. A la suite est une petite île appelée Nid-d'Eau, sans doute par la quantité de fois qu'elle a été envahie par les eaux ; elle se trouve placée au bout du lac de Bienne. D'un autre côté une rivière vient s'y joindre, de sorte qu'il arrive souvent que l'eau déborde et que les habitants sont obligés de s'enfuir. Nous sommes retournés à l'hôtel vers les 7 heures pour dîner. Devant partir le lendemain matin pour Bâle, nous avions voulu au moins profiter du jour. En rentrant, nous avons été surpris agréablement de trouver, dans une aussi petite ville, un dîner qui nous rappelait ceux de Berne ; la raison venait qu'il avait été fait par le cuisinier de M. Guizot, qui, pour ne pas perdre sa main, traite les voyageurs en ministres.

A 6 heures du matin, nous avons pris la diligence pour Bâle. Je croyais avoir tout vu, tout écrit sur le compte des montagnes, et ne revoir que la répétition de ce que j'avais déjà vu. J'étais loin de m'attendre à ces nouveaux chefs-d'œuvre de la nature. En quittant Bienne nous avons commencé à monter une route taillée dans le roc et bordée tout le long d'un précipice épouvantable. Pour gardes-fous, ils ont mis quelques bornes assez écartées l'une de l'autre pour que la diligence puisse passer, même en travers. Cette montagne s'appelle *Boujean*. Tantôt la montée est si roide que l'on craint que la voiture ne recule ; quand elle redescend, l'on a peur que les chevaux viennent à s'abattre, d'autant plus que la route tourne, et que c'est encore plus dangereux. J'avoue qu'un instant l'envie de descendre ne m'a pas manqué. Nous n'étions encore qu'au plus beau. Nous sommes entrés dans les gorges du Jura; ce sont des montagnes prodigieuses, qui ne sont séparées l'une de l'autre que par un ravin et un torrent, et c'est au milieu de cela qu'on a fait une route coupée sur la montagne. Je ne pouvais plus rester assise, tant cette route est effrayante. L'eau tombe de tous côtés, on ne voit et n'entend que des chutes d'eau; il faut rassembler tout son courage pour passer par là. J'enviais à ce moment le sort de ceux qui, faute d'argent, vont à pied sur de telles routes; au moins n'ont-ils pas à redouter tous les dangers que nous courions. Ce qu'il y a de remarquable, ce sont les montagnes de pierres où il pousse d'énormes pins; les montagnes, ainsi que les arbres, sont à pic, comme la vigne le long d'un mur. Sur d'autres, ce sont des arbres de toutes couleurs, qui font, par leur épaisseur, l'effet d'un beau tapis qui serait jeté dessus. Plus loin, nous avons passé sous une voûte formée par la nature dans un roc; elle s'appelle Pierre-Perretu. En sortant, la route tourne si court que si, l'on n'y voyait pas, on tomberait dans un ravin épouvantable. Ce passage ressemble beaucoup au Pont-du-Diable. Au bas de la montagne, la diligence s'arrête pour le dîner; on ne croirait jamais trouver dans des endroits aussi dangereux un hôtel où le service est fait avec autant de luxe et les mets aussi recherchés. Ils connaissent les heures des voitures, et en entrant, le potage est servi, afin de ne pas retarder les voyageurs, dont le temps est fixé.

Après être resté une heure, chacun a pris place dans la voiture. C'est à présent que je ne sais comment décrire les roches de Court. Vous passez entre deux montagnes de pierres à pic, de 3,000 pieds de haut ; la séparation de l'une à l'autre n'existe que par la route, qui a bien juste la voie de deux voitures, et une rivière de même largeur. Quelques bornes servent de garde-fous. Comme la rivière n'est pas profonde, autre chose vous occupe que ce petit danger ; beaucoup de pierres, grosses comme la diligence, sont suspendues au-dessus de vous et semblent être placées comme pour vous écraser. Le long de la route, vous rencontrez je ne sais combien de voûtes faites par la nature, où les voleurs pourraient se cacher par douzaines. Je vous assure que, quand on a voyagé sur cette route, on a vu des merveilles au-dessus de tout ce que l'imagination peut vous suggérer. Quand je lisais des romans autrefois, je me disais : oh ! ce n'est pas la peine de frissonner à ce récit, c'est une route impossible, une montagne invisible, un ravin creusé par un cerveau ; il faut bien, pour être lu, intéresser son lecteur. Mais aujourd'hui ils peuvent écrire tout ce qu'ils voudront, car j'aurai toujours présent à la mémoire qu'il n'y a rien d'impossible à la nature, d'après ce que j'ai vu.

Nous avons passé à la suite dans les roches de *Moutier*. Celles-ci sont toutes garnies d'arbres de toutes couleurs, toujours à pic. Il y a un pont qui tourne court au milieu, et qui fait un effet assez sinistre. On peut juger de tout ce que l'on peut voir et ressentir quand, sur 24 lieues, l'on a au moins 20 lieues à s'occuper de choses effrayantes, sans compter qu'avant d'arriver nous avons eu 2 heures de nuit.

*Bâle* est une ville assez peuplée, peu de belles maisons, quoiqu'il n'y manque pas de grandes fortunes; mais on ne tient pas au luxe. Le Rhin, qui sépare le grand Bâle du petit Bâle, se traverse par un pont de bois qui aurait besoin d'être changé. Le Rhin est plus large que la Seine, et surtout beaucoup plus rapide. L'Hôtel-de-Ville est peint en rouge, devant la façade on a fait en peinture un balcon et des personnages peut-être très-illustres, mais qui, par leur toilette et leurs poses, ressemblent à des saltimbanques de la foire de Saint-Cloud. L'église, placée au haut de la ville, domine sur le Rhin; l'architecture est dans le genre de Saint-Roch; devant le portail, de chaque côté, vous voyez un guerrier couvert de son armure, la lance en main, et poignardant un dragon, placé de manière à croire, par la bonne volonté qu'il y met, qu'il s'arrange assez d'être tué. Pour ne déroger en rien, ils ont fait aux chevaux des jambes qui, heureusement pour l'honneur de la race chevaline, ne se sont jamais vues que là, où leurs services n'exigent pas trop de souplesse, car voilà mille ans qu'ils n'ont pas bougé ; nos sculpteurs de France doivent être bien fiers quand ils voient cela. L'église est peinte en rouge, cela fait un mauvais effet.

C'est à Bâle que nous avons fait nos adieux à la Suisse, après avoir parcouru pendant cinq semaines ses chaînes de montagnes, vu tout ce qu'elle renferme d'effrayant et de riant à la fois, nous l'avons quittée, emportant avec nous des souvenirs ineffaçables. Le temps ne peut vous faire oublier les impressions que la Suisse laisse dans votre mémoire.

Le chemin de fer de Bâle nous a conduits à *Mulhouse*, petite ville de fabrique très-gaie et bien bâtie. Il y a une grande place avec jardin au milieu. Les maisons qui l'entourent sont à arcades et tout aussi belles que celles de la rue de Rivoli. Le canal passe dans la ville. Il ne manque pas de grandes fabriques en tous genres, puisqu'elles occupent à Mulhouse 30,000 ouvriers. L'hôtel de Paris, où nous sommes descendus, est vraiment la réunion de tous les plaisirs. Il a été bâti pour ne servir qu'à cela. A chaque étage, un large corridor, bien éclairé, faisant le tour de la maison, dessert les appartements. Tous les corridors, ainsi que l'escalier, sont éclairés au gaz. Dans l'hôtel vous trouvez, sans en sortir, une table d'hôte, un café, un billard, des bains et des diligences ; ce n'est pas tout : un jardin superbe, entouré d'eau, et où l'on donne des concerts, des jeux de tous genres, même un très-beau tir; j'ai fait comme tout le monde, et, pour la première fois de ma vie, j'ai tiré deux coups de pistolet.

Après nous être bien distraits dans cette ville, nous avons repris le chemin de fer pour *Strasbourg*, passant devant toutes les montagnes des Vosges dont on n'est séparé que par quelques marais qui bordent la route. Strasbourg est fortifié; c'est une de nos plus fortes villes de guerre de France. Nous sommes allés à la citadelle, c'est grand comme un village. Autour sont des fortifications et de grands fossés, pour être remplis d'eau au besoin. Pour entrer dans la citadelle, on passe sur deux ponts-levis et même sur trois, du côté de la route d'Allemagne. Ensuite nous sommes allés voir l'arsenal. Quatre bâtiments immenses sont remplis d'affûts ; les cours sont pleines de boulets et de canons. En face est un bâtiment pour la construction des équipages. Nous sommes allés aussi visiter la fonderie où l'on fait les canons. On n'entre dans tous ces endroits-là qu'avec une permission du colonel. Après avoir traversé plusieurs cours, nous sommes allés d'abord dans l'atelier où l'on coule les canons. Dans un trou de 6 mètres carrés sur quatre de profondeur l'on place des moules en terre cuite, que l'on recouvre de terre sans en boucher l'entrée. En face est le four rempli de cuivre, de fonte, d'étain et de zinc ; au bout de huit heures tout est fondu. L'on ouvre alors une petite porte comme celle d'un poêle ; par un conduit, cela coule dans chaque moule. Le lendemain on les enlève par le moyen d'une poulie ; il faut vingt-quatre hommes pour la manœuvrer. Quand ils sont sortis du trou, l'on casse le moule, on coupe le bout du canon, et ensuite on les met sur des étaux pour les creuser. Cela s'obtient moyennant un manége de la force de quatre chevaux. Après, on les taille ; les hommes qui en sont chargés ont des lunettes avec des verres larges comme la main. Plus loin, on les polit, et enfin, dans le dernier atelier, on les grave.

Ce jour-là, nous sommes allés au pont de *Kelh*, bâti sur bateaux. Le Rhin est large, là, trois fois comme la Seine et excessivement rapide. Ce pont, jusqu'au milieu, appartient à la France et l'autre côté à l'Allemagne. Pour le traverser, il a fallu payer de notre côté, et en arrivant au bout nous avons donné trois sous également.

C'est un plaisir, pour si peu, de pouvoir dire : j'arrive de l'Allemagne. J'ai vu la douane et des Prussiens qui, à ce moment, faisaient faction sur le pont, comme les Français à l'autre bout.

Revenons à Strasbourg, ce qu'il renferme mérite d'être dit.

Nous avons vu, d'abord, le tombeau du maréchal de Saxe, fils naturel du roi de Pologne, qui a combattu sous le règne de Louis XV. On le voit debout, tenant à la main le bâton de maréchal. Sous ses pieds, est entr'ouvert son tombeau ; d'un côté, la mort qui, tenant un sablier, lui indique que son heure a sonné. Mais la France qui est là, représentée par une femme vêtue d'une robe parsemée de fleurs de lis, repousse la mort. Un ange en pleurs tient tous les drapeaux qu'il a gagnés. A l'opposé, sont les armes de l'Angleterre, de la Hollande et de l'Autriche, avec tous les drapeaux qu'il a pris aux trois puissances; enfin, et plus bas, Hercule, pour représenter sa force qui était extraordinaire (il brisait tout avec ses mains), et sans doute aussi pour servir d'allégorie à la mort qui vient à bout de moissonner le fort et le faible. Tous les personnages sont en marbre blanc, excepté le tombeau, qui est en marbre noir. C'est parfaitement rendu. Quoique mort au château de Chambord qui lui appartenait, il a été transporté à Strasbourg, dans une église protestante, qui était sa religion.

Dans un caveau attenant à cette même église, nous avons vu le comte de Nassau, mort il y a quatre cents ans; il est sous verre, tout habillé, et couché dans un cercueil de plomb. En face est sa fille. Il est bien conservé. Mais, tout compris, on ne peut regarder sans frissonner malgré soi.

En sortant de là, nous sommes allés à la cathédrale. Rien de plus magnifique comme architecture. partout, des tourelles taillées à jour comme de la dentelle. La tour a 436 pieds de haut; elle est en forme de flèche. Toutes les portes d'entrée sont d'une architecture finie. En dedans, la nef a 100 pieds de haut et les piliers 78 pieds de tour. L'église a été bâtie dans le onzième siècle. Une autre église, qui se trouve sous celle-là, a été bâtie au huitième siècle, du temps de Charlemagne. Autrefois, les églises étaient faites dans des souterrains. Nous y sommes descendus par un bel escalier en pierre fermé par une grille en fer. On y voit peu, mais assez pour ne pas avoir recours à la lumière, pour visiter les tombeaux qui s'y trouvent.

En remontant de l'église souterraine, de nouveau nous nous sommes trouvés dans celle qui est bâtie au-dessus. On nous a d'abord fait voir la chaire. Rien de plus coquet et de plus léger. Elle est entourée de saints en marbre blanc, de la hauteur d'un pied. Il y avait encore bien autre chose à voir. C'est l'horloge. Tout le monde, à midi, s'empresse d'arriver pour entendre la sonnerie. A chaque heure qui sonne, un apôtre passe devant notre Seigneur en s'inclinant. Par un signe de la main, les saluts sont rendus, de suite, à chaque groupe de quatre apôtres qui passent. Un coq, placé au haut d'une colonne, chante, remue la tête et bat des ailes, à faire croire qu'il est vivant. Par conséquent, il chante trois fois. Quoique dans un lieu saint, il est impossible de ne pas rire. On l'entend chanter d'un bout à l'autre de l'église. Aussitôt midi sonné, Dieu donne sa bénédiction. Plus bas, on voit la mort tenant deux sonnettes pour sonner les heures; à chaque quart d'heure, pour représenter les quatre âges, il y a d'abord un enfant qui passe; à la demie, un jeune homme; aux trois quarts, un homme; aux quatre quarts le vieillard. Dans un grand cercle sont les signes du zodiaque pour indiquer les mois. Plus bas, vous avez le jour marqué par sept chars, qui mettent vingt-quatre heures à passer par un petit chemin de fer. Le jour où nous l'avons vu, c'était le char de Mars, dieu de la guerre. Il y a aussi la lune ; selon le moment, la boule se tourne. Si c'est pleine lune, elle est toute dorée ; autrement, toute noire ou coupée de moitié, selon le quartier où elle entre. Un cadran marque le quantième du mois. Tout cela marche par un mécanisme inappréciable. Il y a même la mappemonde placée devant un cadran qui, par le moyen d'une flèche qui tourne, vous indique que dans tel pays il fait nuit au moment où dans le vôtre il fait jour. Il y a encore bien d'autres choses qu'il faut pouvoir visiter soi-même pour s'en rendre compte. Le mécanicien nous a fait monter derrière l'horloge, afin de nous en faire l'explication. Il y a une infinité de rouages qui se croisent en tous sens ; il faut même être très-habile mécanicien pour comprendre. On vient de très-loin pour admirer ce chef-d'œuvre.

Nous avions bien vu l'arsenal, mais rien que les canons placés dans les cours. Le colonel a bien voulu nous permettre de monter dans les salles d'armes, chose qu'il n'accorde pas souvent. Dans deux immenses salles, sont placés, de chaque côté, des râteliers remplis de fusils, tous d'un alignement parfait. Il y en avait quatre-vingt mille par salle, et dans une autre encore deux cent mille sabres et lances.

C'est arrangé avec tant de goût qu'on a formé des lustres au plafond avec les lames de sabres. Au fond, on a fait comme une espèce de petit autel avec des cuirasses. Les colonnes de devant sont des baguettes de fusils, et pour former corniche des pistolets. Au bas, devant, pour grilles, ce sont des sabres qui se croisent, et au milieu, toujours fait avec des armes, est une espèce de piédestal où se trouvait autrefois le buste du roi.

Strasbourg semble vouloir retenir ses voyageurs, non-seulement par tout ce qu'il y a de curieux à voir, mais encore en leur offrant un hôtel qui ne laisse rien à désirer. A celui de Paris, l'escalier est en stuc, la rampe dorée, les marches en pierre et des tapis dans tous les corridors. Le soir, il est éclairé au gaz de tous côtés. L'ameublement est analogue. La salle à manger est une des plus belles de France. Le plafond est en bois sculpté et tout doré. Le service y est parfaitement fait. Si l'on était toujours aussi bien, chacun quitterait son chez soi pour voyager.

Nous avons encore abandonné tout cela pour voir du nouveau et repris la diligence de Nancy. Nous avons passé d'abord à Saverne, la plus haute montagne de ce côté pour traverser les Vosges. La route passe dans la forteresse de Montagnes. C'est l'endroit le plus élevé que l'on choisit pour cela, afin qu'en cas de guerre l'ennemi ne puisse y pénétrer facilement.

De là, nous sommes allés à Lunéville, où le château est très-beau. C'est l'ancienne résidence de Stanislas, roi de Pologne.

Arrivés à Nancy, nous sommes allés, à Notre-Dame-de-Bon-Secours, voir son tombeau ; il est représenté debout, plusieurs allégories à ses côtés. En face, dans un autre tombeau, est sa femme ; elle est représentée agenouillée. Un ange lui montre le ciel. Ensuite, nous sommes allés voir son château ; il habitait *Nancy*, parce qu'il était duc de Lorraine. Le château est élevé de deux étages. Devant, sont des arcades. Une galerie de chaque côté, formant demi lune, surmontée de balustrades, va rejoindre une grille qui ferme d'abord la cour du château. Devant, est une belle avenue garnie d'arbres, qui correspond à un arc de triomphe. Après être passé dessous, vous vous trouvez sur une immense placé. Quatre bâtiments parallèles se font face. Devant l'arc de triomphe, est l'Hôtel-de-Ville et deux autres bâtiments séparés alors par l'arc de triomphe. Toutes ces séparations se trouvent réunies ensemble par six grilles richement dorées qui ferment l'entrée de cette place ; au milieu, se trouve la statue de Stanislas, roi de Pologne. De chaque grille, vous apercevez une rue droite et longue, comme celles de Versailles ; de sorte que, de la place Stanislas, vous voyez une grande partie de la ville. Nancy est très-bien bâti. Il y a de belles promenades et de très-belles places avec jets d'eau. De là, nous sommes allés à la chapelle Ronde ; elle est toute en marbre, même par terre, surmontée d'un dôme extraordinaire par son élévation, et où se trouve, jusqu'au plus haut, placés en cercle, une quantité de saints en relief. Pour que la chapelle soit plus lugubre, on ne reçoit le jour que par un petit châssis vitré fait au haut du dôme et quelques vitraux en verre de couleur donnant peu de clarté. Autour de l'autel sont placés, en élévation sur des piédestaux, sept tombeaux en marbre, sur chacun d'eux est posée, sur des coussins dorés, la couronne ducale. Ce sont les tombeaux des ducs de Lorraine. Sous cette même chapelle, se trouve un caveau où quarante-huit personnes reposent.

Nous avions encore tout vu à Nancy. Nous avons donc repris la diligence pour Troyes. La route en est fort triste, les villages étant très-éloignés l'un de l'autre. Ce ne sont que des côtes. Vous vous trouvez même assez longtemps dans une chaîne de montagnes. Nous avons passé près de *Vaucouleurs*, ville où est née Jeanne d'Arc.

Avant d'arriver à Troyes, vous voyez, sur la route, le château de Brienne, où l'empereur fit ses études.

Nous voici donc arrivés, vers les premiers jours de novembre, à Troyes, dernière station qui terminait notre voyage de Suisse. Je m'empressai, comme à mon ordinaire, de m'informer de ce qu'il y avait à voir dans la ville. Tous m'ont cité les vitraux des églises comme très-remarquables. Le fait est qu'ils sont très-beaux. Toute la Bible est là représentée; mais une fois cela vu, il ne faut pas leur en demander davantage. Autrement, ils vous disent sans rire : Est-ce que vous n'avez pas vu la nouvelle halle pour les marchandises de coton ? Quoiqu'ayant passé devant, faute d'avoir été prévenus, nous n'avions nullement songé à l'admirer. Ce que l'on a de mieux à faire est de reprendre au plus tôt le chemin de fer, à moins que le goût de parler bas ou bonnets de coton ne vous y retienne. Les rues sont fort salles, la ville très-mal bâtie, bonne à mettre en bas, pour en augmenter l'assortiment.

Nous avons donc abandonné cette ville sans regret pour prendre le chemin de fer qui, rapidement, nous a ramenés à Paris.

Que l'hiver paraît court quand, au coin du feu, vous repassez dans votre mémoire ce charmant voyage de Suisse ! Toutes les impressions qu'il vous laisse vous tiennent lieu de compagnie. Assis dans votre fauteuil, votre corps seul se repose, car votre esprit croit toujours gravir les montagnes. Pour lui, pas de repos. Pendant plusieurs mois, vous ne vous appartenez plus. Au moment où vous voulez penser à quelque chose d'utile, malgré vous, vos idées se trouvent changées par de charmants souvenirs. Votre voyage, sans fatigue, se prolonge jusqu'à ce que la belle saison vienne de nouveau vous engager à recommencer.

# VOYAGE EN ITALIE.

Nous sommes partis le 11 août avec l'espoir d'aller
à Rome. L'avenir seul nous apprendra la réussite.
Le chemin de fer nous a conduits à Orléans, d'où
nous sommes repartis pour Bourges. La route en est
fort triste ; vous traversez la Sologne, et n'avez pour
tout point de vue que des terres incultes et peu de
prairies.

Arrivés à Bourges, vous n'êtes pas dédommagés
de la route par l'aspect de la ville ; elle est fort triste,

les rues très-sales et très-étroites ; à peine si l'on y voit des boutiques. Il y pleut très-souvent. Cependant, entre deux averses, nous sommes arrivés à la cathédrale. D'après ce qu'ils disent, leur église est placée la seconde au rang de toutes les plus belles de France. La hauteur de la nef est remarquable, ainsi que celle des bas-côtés, qui sont doubles, ce qui forme cinq nefs. Le portail représente, en relief, la résurrection ; les vitraux sont assez beaux. Dessous la cathédrale est une autre église souterraine ; on y voit peu pour descendre le premier étage ; et puis ensuite, par une pente assez douce, mais peu éclairée, vous arrivez au fond. On ouvre une grille, et là sont les tombeaux, d'abord du duc Jean I$^{er}$ (duc de Berry), frère de Charles VI. Il est couché sur son tombeau. C'est tellement bien fait, que, quoique en marbre, les ongles, les veines de ses mains sont à faire croire qu'elles vont agir.

Plus loin est le tombeau du ministre de la guerre de Henri IV ; il est représenté agenouillé ; et encore plusieurs autres tombeaux tout en marbre. De là nous avons traversé la nef, et l'on nous a ouvert une grille où, tout au fond, est le sépulcre. Dans ce caveau, à peine si le jour y pénètre. Notre Seigneur est couché sur un linceul, prêt à être enseveli. Nicodème et Joseph d'Arimathie tiennent chacun un côté du drap. Autour du tombeau sont plusieurs femmes ; l'une prie ; l'autre, le regard effrayé, s'avance ; d'autres, en pleurs, s'agenouillent. Voilà pour le tableau. Mais pour rendre comme tout cela est sculpté, c'est de se figurer tous les personnages vivants. Le drap tombe aussi naturellement que s'il était en toile ; la figure de ceux qui le tiennent est si expressive, que vous êtes tenté de leur adresser la parole ; ils sont coiffés avec des turbans rouge et blanc. Jusqu'aux muscles de leurs bras qui semblent se roidir pour maintenir le linceul. La figure livide et le regard fixe de Notre Seigneur vous indiquent qu'il descend au tombeau. Près de ce caveau est un autel où on dit la messe.

Nous sommes allés de Bourges à Bourbon-l'Archambaud pour y prendre les eaux. La route qui y conduit semble avoir été faite pour les malades ; elle est ferrée et sans aucune ornières ; on se croirait en chemin de fer, mais avec plus de distraction. Votre œil a au moins le temps d'admirer toute cette belle vallée dont le point de vue est excessivement varié par les montées et les descentes continuelles ; c'est toujours un panorama nouveau : des étangs magnifiques et en grande quantité ; de plus, un bois et une forêt à traverser de deux lieues au moins.

La voiture s'arrête pour déjeuner à Ainay-le-Château, où tout est très-bon, quoique servi avec simplicité. Quelques heures après nous arrivions à Bourbon-l'Archambaud ; la ville se trouve dans un fond, mais il faut croire qu'elle n'est pas humide, car, lorsqu'il pleut, le pavé est sec au bout de quelques minutes. Les maisons ainsi que les rues demanderaient beaucoup de changements pour être bien. Comme on y vient seulement pour l'efficacité de ses eaux, à mesure que vos douleurs disparaissent, la ville semble s'embellir à vos yeux. Peu de personnes s'en vont sans avoir senti beaucoup d'améliorations ; d'autres, plus heureuses, s'en vont tout à fait guéries. Je n'ose me ranger encore parmi ces dernières ; le désir ne me manque pas, mais la crainte me retient. Cependant, je puis dire aujourd'hui qu'arrivée à Bourbon en marchant très-peu et boitant beaucoup d'un rhumatisme qui me tenait depuis trois mois dans les articulations du pied, je suis parvenue à faire une lieue et demie à pied par jour avec bien moins de fatigue qu'autrefois quelques pas dans l'appartement.

Il faut vraiment aller aux eaux pour se rendre compte de la quantité de maux auxquels l'espèce humaine est exposée. A Paris, je me croyais bien malheureuse de boiter d'un pied, et à Bourbon je trouvais des personnes qui, privées de leurs deux jambes, enviaient mon sort. Au moment de prendre la voiture à Bourges, je vis un voyageur qui, pour se maintenir sur ses jambes, n'avait rien qu'une béquille et une canne ; je ne crus pas commettre d'indiscrétion en lui disant : « Monsieur, je vois que vous allez à Bourbon ; » mais je fus bien surprise quand il me répondit qu'il en revenait. J'avoue qu'en le voyant ainsi je commençais à douter de la bonté des eaux ; cependant, je me risquai à lui demander ce qu'il en pensait, et il me rassura en me disant qu'il marchait beaucoup plus mal avant (ce que je n'eusse pas deviné), et qu'il en était très-satisfait. Cela prouve bien qu'à tous les maux l'espérance est le meilleur remède.

Bourbon-l'Archambaud, autrefois, n'était qu'un bois. Parmi les premiers qui vinrent s'y établir, un berger s'aperçut qu'en menant paître ses vaches, une seule échappait souvent à son regard pendant assez de temps ; il finit par la suivre ; il vit que sa vache buvait de l'eau dans un petit trou, et que cette eau fumait. D'autres prétendent que la découverte viendrait d'un porc. Ce qu'il y a de certain, c'est que cette source, d'une si grande ressource pour calmer les douleurs, nous la devons à l'animal.

La médecine fit des expériences ; on creusa ce trou en forme de puits ; puis, on en fit deux à côté, dont l'eau, qui monte par dessus, tombe dans un grand réservoir, qui, par des tuyaux, communique dans chaque baignoire. Au-dessus de ces mêmes baignoires, il y a un grand tuyau où, moyennant un robinet que l'on ouvre, du plafond l'eau vient frapper avec force sur la partie douloureuse, ce que l'on appelle *douches*. On la refroidit selon le degré que l'on veut en tournant la clef où l'eau se trouve un peu refroidie en passant par des cylindres, autrement on ne pourrait la supporter, surtout pour commencer, car l'eau est tellement chaude qu'elle bouillonne. Dans le puits, elle a 51 degrés de chaleur. En bas ce sont des espèces de caveaux très-peu éclairés ; en descendant une marche, vous avez les pieds dans l'eau ; c'est là où les hommes prennent leurs bains. Quand la personne a fini de prendre son bain et de recevoir la douche, on l'enveloppe dans un peignoir. On fait avancer dans le cabinet une espèce de petit cabriolet dont on baisse la capote ; de plus, deux petits rideaux se ferment par devant pour que l'air ne puisse y pénétrer. Tout le cabriolet est simplement en coutil rayé. Sitôt que vous êtes prêt, deux hommes qui attendent à la porte l'enlèvent et vous conduisent chez vous. En entrant dans la porte cochère, ils crient le numéro de la chambre de la personne qu'ils ramènent, et une femme préposée pour cela, la bassinoire à la main, court devant bassiner le lit. Tout cela se fait avec une précision, sans doute par l'habitude qu'ils en ont, qui indique la quantité de personnes qui viennent aux eaux ; mais, il ne faut pas y venir pour dormir, car, à compter de deux heures du matin, à moins que d'avoir l'infirmité d'être sourd, le repos est impossible ; ils se promènent dans l'escalier avec leur cabriolet : l'un arrive, l'autre part ; sans savoir la personne qu'ils ramènent, leur pas léger vous indique le numéro de la chambre.

On vous couche aussitôt, et vous dormez si vous pouvez.

Heureusement que la fatigue que vous éprouvez aux eaux n'exige pas beaucoup de repos; car la grande promenade des baigneurs est à cinq minutes de distance des hôtels les plus éloignés. Pour joindre, après l'efficacité des eaux, le remède le plus sûr, qui est la distraction : ils ont voulu en procurer aux malades, en faisant bâtir, au milieu d'un charmant jardin anglais, un très-grand salon, orné tout autour de jolies banquettes à la russe; un grand guéridon placé au milieu, couvert de journaux en tous genres, et un excellent piano; sans compter plusieurs tables de jeux. Tout est très-élégant, jusqu'à la salle de billard, de sorte que n'importe à quel hôtel vous descendiez, vous êtes sûrs de vous retrouver. Là, le jour on se promène dans le jardin, et le soir il ne manque jamais de personnes qui, par leur talent, attirent le monde. Nous avons eu la chance, en nous trouvant aux eaux avec M. le ministre de la marine, d'entendre mademoiselle sa fille jouer plusieurs fois du piano, et l'avantage de dîner tous les jours avec eux. Nous avons encore eu le plaisir d'entendre au salon un Monsieur qui, sans compter les romances qu'il chantait avec beaucoup de sentiment, rivalisait avec Levassor pour les chansonnettes. Le soir, presque toutes les dames apportent leur ouvrage; bien peu travaillent; le temps se passe à faire voir ce que l'on voulait faire et ce qu'on ne fera pas. La conversation l'emporte toujours; c'est encore l'ouvrage qui avance le plus, quoique ne finissant jamais.

Tout compris, les distractions ne manquent pas à Bourbon-l'Archambaud, et je suis sûre que si l'entrée en était interdite aux personnes en bonne santé, elles finiraient par désirer avoir quelques douleurs pour venir les faire passer gaiement. Le château a été bâti par les Romains; la solidité de trois tours qui restent encore ne laisse nul doute; il a été détruit presque en entier. Sur ses mêmes ruines, on a bâti des maisons de paysans. Il appartenait aux Bourbons. Saint Louis, en revenant de la Terre-Sainte, avait apporté un morceau de la sainte croix : la reine Blanche le fit enrichir de diamants et on le déposa dans la chapelle du château. Depuis, les diamants furent enlevés au moment de la révolution, et, la chapelle ayant été détruite, la sainte croix fut remise à l'église de Bourbon.

Depuis notre arrivée, nous avions entendu souvent parler de l'architecture de l'église de Souvigny et des tombeaux qu'elle renferme. Un jour, nous prîmes une voiture particulière à cinq, et, faute de place pour le cocher, un de ces messieurs conduisit ; lui seul connaissait la route, seulement nous savions qu'il y avait à peu près trois lieues. Le temps, qui semble toujours long quand vous avez le désir d'arriver, fit que le premier clocher que nous aperçûmes de loin, nous fit nous écrier de suite : Oh ! nous y voilà. Ce monsieur qui conduisait, pour son compte n'y était jamais venu, de sorte qu'à la première auberge nous descendîmes de voiture. Arrivés à l'église, chacun avait les yeux de tous côtés pour chercher à reconnaître tout ce qu'il en avait entendu dire. Après avoir examiné depuis la nef jusqu'au fond du bénitier, réunis tous devant l'autel, chacun n'osait se communiquer sa pensée ; moi cependant, lasse de chercher de l'architecture qui n'avait point encore été faite, je dis à mes compagnons d'infortune : « Mais il me semble que cela ressemble tout à fait à une église de village faite avec beaucoup d'économie, comme elles sont toutes. »

Espérant être plus heureux du côté du caveau dont on nous avait parlé, nous demandâmes pour y descendre à un enfant qui vint à passer. Il nous tira tout à fait d'embarras en nous disant : « Mais c'est à Souvigny que sont les tombeaux. » Toujours persuadés d'y être, nous lui répondîmes : « Nous le savons bien, puisque nous y venons pour cela. — Mais, Messieurs, c'est l'église de Saint-Menoux où vous êtes. » Avec cette phrase, tout s'expliquait. Au moins, si nous avions eu la peine de dételer inutilement, étions-nous sûrs, en rentrant à l'hôtel, de ne pas avoir été refaits par quelque plaisant. Nous prîmes de de nouveau la route, et une lieue plus loin, cette fois, nous retrouvions tout ce que nous cherchions en vain à Saint-Menoux.

Le dehors vous annonce d'avance que l'église ne doit pas manquer de sculpture en dedans ; de chaque côté de l'église est une chapelle entourée d'une haute galerie de pierre, découpée de manière à faire croire que c'est en fer. Dans chaque chapelle sont placés, en élévation, deux superbes tombeaux en marbre, avec les personnes représentées dessus. L'un est celui de Charles, duc de Bourbonnais, et d'Agnès de Bourgogne, sa femme ; l'autre, celui de Louis II, duc de Bourbon, et d'Anne d'Auvergne, sa femme. Sous ces mêmes chapelles sont déposés leurs corps dans les caveaux.

Nous avons fait nos adieux à Bourbon-l'Archambaud et repris la route de Moulins ; c'est la continuation de la charmante route de Bourges à Bourbon. En arrivant à Moulins, nous avons passé d'abord sur un pont remarquable par sa longueur, qui est de 350 mètres. Il traverse l'Allier. Il y a une superbe caserne à l'entrée de la ville.

Sitôt arrivés, nous nous sommes empressés d'aller voir le mausolée du duc de Montmorency. Gaston d'Orléans s'était ligué avec le duc de Montmorency contre Louis XIII, son frère. La conspiration ayant été découverte, il eut la tête tranchée à Toulouse. La duchesse, inconsolable, se rendit de suite au couvent des Visitandines ; elle fit élever à son époux, à côté du couvent, une chapelle où son corps fut déposé dans un superbe tombeau ; il est représenté dessus, appuyé sur son coude, et la duchesse à côté de lui, le regardant tristement. Vingt ans après, elle mourut et fut réunie à son mari dans le même tombeau. Au dessus, entre des colonnes en marbre, sont deux petits anges gardant une urne où sont déposées leurs cendres. Du côté du duc, pour représenter ses attributions, est la statue de Mars, dieu de la guerre ; plus bas, celle d'Hercule. Du côté de la duchesse, une statue représentant la Religion, une croix à la main ; plus bas, celle de la Bienfaisance. Quatre colonnes forment séparation pour placer ces mêmes sta-tues. Tout est en marbre.

La ville est grande, mais peu vivante; il y a de très-beaux boulevards. La préfecture, le Palais-de-Justice et le théâtre sont assez bien. N'étant qu'à quinze lieues de Vichy, nous n'avons pas voulu passer si près sans y aller. La route, jusqu'à Varennes, est sim-plement au milieu de plaines, comme toutes les gran-des routes, bien entretenue; mais, à compter de Va-rennes à Vichy, la route devient étroite, et, par ses sites, vous rappelle bien des passages suisses. La voi-ture, faute de pont, passe dans une petite rivière, mais peu profonde.

Toute cette route est vraiment champêtre; on voit que la nature a plus fait pour elle que la main de l'homme, car nous avons passé dans deux villes, si cela peut s'appeler ainsi, entre autres celle de Cusset, où sans doute les voitures n'ont pas l'habi-tude de se rencontrer, puisqu'il n'y a passage que pour une seule.

Vichy, si vanté sous tous les rapports, ne perd rien dans l'esprit de ceux qui vont le visiter : c'est un sé-jour délicieux; l'eau est très-bonne pour l'estomac et le plaisir en achève la guérison. Devant un magnifi-que jardin sont bâtis les bains; la façade a dix-neuf fenêtres de front.

Devant et derrière le bâtiment, une belle galerie et au milieu une autre galerie qui traverse. De chaque côté, l'entrée des bains, les cabinets sont très-élégants et en grande quantité, puisque l'on a donné jusqu'à onze cents bains par jour. Sous ces mêmes galeries sont des fontaines où vous ne voyez que des rassemblements autour : c'est à qui aura son verre d'eau. L'on ne s'en prive pas, car beaucoup en prennent jusqu'à trente verres par jour. Le rez-de-chaussée est uniquement employé pour les eaux ; au premier sont tous les plaisirs réunis. Vous y arrivez par un superbe escalier ; là est le vestiaire, qui donne entrée à un joli petit boudoir, entouré de banquettes à la russe, un piano pour les dames qui veulent étudier, et de très-beaux meubles antiques placés près des fenêtres. A la suite, la grande salle pour le concert ; l'orchestre forme demi-lune ; devant, des banquettes et des chaises en velours rouge ; les rideaux de même. Aux extrémités de la salle sont des tribunes pour les grands personnages. Plus loin, la salle de billard. Derrière l'orchestre est une galerie ornée de banquettes en velours vert ; des rideaux en tapisserie mélangée d'or, des meubles en incrustation placés aux quatre coins, et des tables de jeux. Ces messieurs peuvent entendre le concert tout en jouant une partie de whist. A la suite, une magnifique rotonde disposée pour une salle de danse ; des banquettes en velours rouge, surmontées de coussins, forment le tour. Le plafond n'est orné que de portraits de nos premiers artistes en musique, entourés de déesses. Les Euterpe et les Terpsichore ne manquent pas. Tout cela est fait avec beaucoup de goût ; vous ne voyez partout que des dorures et de très-beaux lustres.

Toute la saison des bains, il y a des bals et des concerts conduits par M. Strauss. Vichy est un petit Paris, surtout pour les toilettes ; il se trouve envahi, l'été, par une si grande quantité de baigneurs, que vous n'êtes pas dans le cas de trouver une maison qui ne loue en garni. En sus de deux fontaines où l'on boit de l'eau de Vichy, il y a encore un puits énorme appelé celui de l'*hôpital*. Plus loin, sur les bords de l'Allier, est le puits des *Célestins*, où l'on a bâti un joli petit salon pour les dames et une salle de billard pour les messieurs. A peu de distance, est un puits artésien ; de tous côtés où vous allez porter vos pas, vous êtes bien sûrs de rencontrer des personnes le verre en main.

La promenade est assez jolie sur les bords de l'Allier ; le pont qui traverse est excessivement long. L'Allier est, comme la Loire, rempli d'îles ; il prend beaucoup de terrain pour son passage, ce qui fait que quand l'eau est forte elle déborde plus facilement, son lit étant peu profond. Le froid commençait à se faire sentir ; nous avons donc été obligés de quitter Vichy. En passant par La Palisse, nous avons vu le château de M. La Palisse, si connu par tous les couplets qui furent faits sur lui. De là, nous sommes arrivés à Roanne, petite ville assez commerçante ; il y a un très-beau pont.

La diligence est repartie sur les quatre heures du matin pour Lyon. Presque tout le long de cette route vous suivez une chaîne de montagnes; vous descendez celle de Tarare, qui a au moins deux lieues; mais elle est très-bien entretenue et la pente assez douce en ce qu'elle tourne en zigzag. Au bas est la ville de Tarare. Le conducteur nous avait dit que là on prendrait quelque chose; nous nous trouvions dans le coupé avec un représentant, mais ancien député, et d'autres personnes qui comme nous avaient besoin de déjeuner. L'un demandait du café, l'autre un bouillon; ils nous répondaient qu'ils n'avaient que de la soupe aux choux. Nous fûmes donc réduits à cela; mais, ce qu'il y eut de plus drôle, ce fut de voir mettre cette soupière sur une table sans nappe. Je vis le moment où nous allions tous manger à la gamelle; aussi, quand on nous apporta des assiettes, je ne pus m'empêcher de dire : Comment, nous aurons des assiettes! Enfin, le mot à la guerre comme à la guerre circula dans toutes les bouches; on mangea debout; et, quand nous demandâmes combien nous devions, on nous répondit : trois sous. Jugez du potage par le prix. Voici donc le restaurant de Tarare; il est vrai qu'après avoir descendu une montagne de deux lieues, on ne pouvait pas manquer de tomber dans un trou, et cela peut bien passer pour tel pour ceux qui ont la malheureuse chance de s'y arrêter pour déjeuner.

A trois heures, nous arrivions à Lyon, presque affamés. Là, au moins, nous n'attendîmes pas longtemps pour déjeuner. La ville de Lyon, placée la seconde de France, est, pour la ressemblance, à une grande distance de Paris ; pour le commerce et la quantité de monde, cela se rapproche un peu. Mais la ville est triste, rien que par sa construction ; les maisons sont noires et les étages sont tellement hauts, qu'une maison à quatre étages est une de nos plus hautes maisons de Paris ; cela rend les rues humides et sombres. Joint à cela, ce sont des cailloux très-pointus ; s'il n'y avait pas de trottoirs, il faudrait renoncer à y marcher, à moins que d'être né dans le pays. L'Hôtel-de-Ville, le théâtre, la préfecture, tout cela est grand, vaste ; la place Bellecour, celle de Louis XVIII, sont ce qu'il y a de mieux, et les quais qui sont très-beaux. Les ponts sur le Rhône sont à peu de distance l'un de l'autre. Tout compris, il est bon de s'y arrêter un jour ou deux, plutôt pour dire que l'on a vu Lyon que pour le plaisir que l'on y éprouve.

Nous avons pris le bateau à vapeur du Rhône. En passant, nous avons vu la ville de Vienne ; c'est là que sont déposées les cendres de Ponce-Pilate. De là, nous sommes allés à Valence, où le bateau s'arrête, pour en repartir à sept heures du matin. Cela vous laisse le temps de voir Valence, qui n'est pas trop mal : il y a une jolie promenade, plantée d'avenues d'arbres, qui domine sur le Rhône ; le raisin et les fruits y sont très-bons.

Le lendemain, nous repartions pour Avignon. Le Rhône, dans certains endroits, est très-rapide et très-large. Les bords du Rhône sont loin, pour les sites, de valoir ceux de la Loire ; partout vous ne voyez guère que des montagnes de pierres. Presque toutes les villes qui bordent le Rhône ont leurs maisons couleur café clair : aussi, de loin, vous confondez les maisons avec la terre aride des montagnes. Mais c'est surtout dans le département de l'Ardèche qu'il faut voir ces horribles montagnes, toutes amoncelées les unes sur les autres, dont on ne peut tirer que de la pierre. Ce sont des pays bien malheureux : le Midi gagne bien à ne pas être connu.

Ce que nous avons vu de plus remarquable, c'est le pont Saint-Esprit, qui traverse le Rhône. Ce pont est, dit-on, le plus beau de l'univers ; il a 26 arches, 2,550 pieds de long. Il y a 540 ans qu'il est bâti. Pour passer dessous, c'est un endroit fort dangereux ; autrefois beaucoup de bateaux périssaient, mais depuis trois ans il arrive peu de malheurs ; l'on connaît l'arche par laquelle il faut passer ; le bateau à vapeur prend quatre pilotes pour cela, et l'on évite les accidents. Tout compris, le passage est toujours dangereux. Bien content quand on est passé. Aussi, avons-nous admiré le pont après. Quoique très-long, il est droit comme un chemin de fer. Nous avons enfin débarqué à une lieue d'Avignon ; l'eau n'étant pas assez forte pour le bateau, il nous a fallu descendre là et aller à pied jusqu'à Avignon.

La ville est fort triste, très-laide, et pavée de manière à ne pouvoir y marcher ; elle rivalise en cela avec

Lyon. Nous sommes allés voir le palais des papes : c'est grand, vaste comme un château fort ; quelques peintures sont encore restées au plafond. A présent, c'est occupé par la troupe. Tout près est une promenade en forme de labyrinthe. Sur l'esplanade, vous découvrez toute la ville et les environs. Celui qui n'a pas de temps à perdre fait bien de ne pas s'arrêter à Avignon.

Nous en sommes repartis avec plaisir pour prendre le chemin de fer de Marseille. Nous avons d'abord passé à Tarascon, où le pont est magnifique. Beaucaire n'en est séparé que par le Rhône. La première partie de la route est extraordinaire pour la stérilité : ce sont des plaines remplies de pierres ou des montagnes arides ; on se croirait dans un désert de l'Afrique jusqu'à la station de Constantine. Mais, aussitôt à Saint-Chamas, cela change de point de vue : c'est une jolie vallée couverte d'oliviers et mûriers et un bras de la mer qui vient en embellir le site. Vous avez à traverser un tunnel de une lieue et demie, dix minutes comme dans une cave. Peu de temps avant d'arriver à Marseille, vous voyez une quantité de maisons de campagne, et toutes de bon goût.

La ville de Marseille est bruyante et peuplée comme le Havre, mais quatre fois plus grande ; les rues sont larges, bien pavées et ont de beaux trottoirs ; les maisons sont très-belles, beaucoup valent celles de Paris. Il s'y fait un commerce considérable ; les boutiques sont aussi belles et aussi bien éclairées qu'à Paris ; la mer

borde la ville ; de presque toutes les rues vous apercevez les vaisseaux rangés dans le port. Le cours est
comme nos boulevards ; on s'y promène le soir ; c'est
éclairé au gaz. Nous sommes allés voir la colonne
Bonaparte : par un charmant labyrinthe garni de fleurs
et de charmille vous arrivez à une esplanade très-
élevée, où est placée la colonne, autour sont des
siéges pour se reposer ; de là, vous découvrez toute
la ville, qui est très-grande, et tous les bâtiments
rangés dans le bassin, sans compter ceux qui arrivent
de loin que vous apercevez sur la mer Méditerranée.
De là, nous sommes allés au Prado ; l'entrée de cette
longue avenue d'arbres commence à une pyramide
placée au milieu ; au bout est le Château des Fleurs,
charmant jardin anglais, dans lequel serpente une
jolie pièce d'eau avec de petites nacelles dessus et de
beaux cygnes qui viennent chercher au bord de l'eau
le pain dans votre main. Vous passez sur quinze ou
vingt ponts, tous de goûts différents. Un restaurant magnifique est placé au milieu, ainsi qu'une salle de
danse, faite en forme de galerie et d'un genre chinois ;
tous les jeux sont réunis ; partout vous trouvez à vous
asseoir, soit au pied d'un roc, d'un petit bosquet
placé au milieu de l'eau, et même au haut d'un arbre
par un escalier pratiqué à l'intérieur. C'est un séjour enchanteur ; l'on y fait des fêtes comme au Jardin-d'Hiver à Paris ; mais je suis obligée d'avouer qu'il réunit beaucoup plus d'agréments. L'Hippodrome est à
côté. Nous avons repris l'omnibus et nous avons con-

tinué la route du Prado. A compter de là, pendant une demi-lieue, ce sont des maisons de campagne d'un goût exquis, et cependant pas une ne se ressemble. Au bout de cette même avenue, vous arrivez à une demi-lune entourée de trottoirs et d'un mur d'appui. Là, vous pouvez rester quelques heures dans l'admiration, car à vos pieds vient battre la Méditerranée ; votre vue se perd dans l'espace ; de tous côtés, vous voyez les vaisseaux au milieu de cette mer, dont l'éloignement vous ferait presque croire qu'ils restent immobiles. De là, vous voyez parfaitement le Château-d'If, où fut conduit Monte-Cristo la veille de ses noces, d'après le roman ; au bas sont les vaisseaux en quarantaine. Que le touriste est donc charmé sur ce port de mer ! il voit devant lui le danger et sans avoir la moindre crainte, car, en tournant la tête, derrière lui sont de riantes campagnes prêtes à lui offrir un toit hospitalier ; son œil, à la recherche sur la mer, est comme l'avant-coureur des émotions qui font battre son cœur ; mais elles sont de peu de durée, quand le pied sur la terre vous pouvez vous dire : Oh! terre, je ne te quitte pas ; j'admire de loin, mais je ne me sépare pas de toi. De là, nous sommes allés à la Banque : c'est petit, mais les bureaux sont très-beaux.

Quoique très-bien à Marseille, il nous a fallu continuer notre route. Nous sommes partis pour Toulon ; la route ne cesse d'être très-mauvaise et même dangereuse, tant elle est mal entretenue ; l'on dirait qu'elle n'est faite que pour les gens du bagne, qui ne tiennent point à conserver leur vie. Vous passez dans de hautes montagnes de pierre par une route qui serpente au milieu; vous ne trouvez presque pas de maisons; il semble que le déluge vient d'arriver à l'instant : ce sont presque les rochers de Court de la Suisse.

En arrivant à Toulon, nous avons été surpris agréablement : la ville est très-vivante. Le port de Toulon est magnifique; l'on s'y promène le soir comme en plein jour, tant il est bien pavé et éclairé par toutes les boutiques qui le bordent; les vaisseaux sont rangés tout le long dans un ordre parfait : c'est à Toulon qu'il faut aller pour voir les plus beaux vaisseaux de l'Etat.

Nous sommes allés le lendemain visiter Hyères. La route n'est jonchée de chaque côté que d'oliviers, tous en plein rapport. En arrivant à Hyères, vous voyez de très-beaux palmiers chargés de dattes; tous les jardins, qui sont immenses, sont remplis d'orangers et de citronniers : sur la plus petite branche vous comptez une douzaine d'oranges. Il y a de ces jardins-là qui rapportent jusqu'à 30 et 40,000 francs par an. Ainsi, jugez combien il doit y avoir d'oranges, puisque le maximum est de deux ou trois sous la douzaine. C'est une température très-douce; il n'y pleut presque jamais; à peine si l'hiver s'y fait sentir, même au mois de janvier. En sus du bon air que vous y respirez, embaumé par le parfum des orangers, vous avez encore le vent de la mer qui vient vous rafraî-

chir comme un doux zéphir. La vue est ravissante :
la ville est abritée derrière par des montagnes ; l'on
plane sur des jardins remplis d'orangers, de citronniers et de palmiers ; ils bordent la mer ; et de l'autre côté vous apercevez les îles Parquerolles, qui sont
très-grandes. Oh ! jolie petite ville d'Hyères, c'est bien
le cas de dire : la renommée de ton doux climat est
plus ancienne que le nom que tu portes.

Arrivés de nouveau à Toulon, nous sommes allés
demander une permission à l'amirauté pour visiter
tout l'arsenal, où nous sommes restés trois heures
pour en faire le tour et entrer dans tous les ateliers.
Le premier est celui où l'on fait les cordages pour les
vaisseaux ; il a 290 mètres de long ; au-dessus sont
tous les ustensiles de cuisine, depuis l'écumoire jusqu'à la cuisinière : figurez-vous un immense dépôt de
ferblanterie. En bas, plus loin, sont les forgerons Une
autre salle, où sont tous les modèles de chaque vais-
séau qui a été construit au port de Toulon, et qui
sont faits en petit avec la même précision que si vous
les voyiez sur mer, avec tous les moyens qu'ils em-
ployent pour jeter l'ancre, pour mettre les voiles ou
entrer dans le port. Il y a aussi l'atelier des voiles.
Tout cela borde la mer. Partout vous rencontrez des
forçats ; ils passent sans cesse à côté de vous ; ils ont
une grosse chaîne au pied, vous reconnaissez leur
peine au bonnet : le bonnet de laine vert est à perpé-
tuité, le rouge est pour cinq ans et plus, une manche
jaune indique que c'est la seconde fois qu'ils sont là.

Ils vous offrent des ouvrages faits par eux ; il y a même plusieurs boutiques où ceux qui se sont bien comportés sont chargés de la vente des objets. Ce qui vous fait le plus de mal à voir, ce sont ceux qui ont conservé encore une figure distinguée au milieu de ces brigands. Nous avons vu un notaire condamné pour faux : cela vous serre le cœur, en pensant qu'un moment d'erreur a pu changer une position si honorable avec celle de terminer sa vie si malheureusement.

La salle d'armes est sans contredit la plus belle que l'on puisse voir en France. Je ne vous parlerai pas de plusieurs avenues de râteliers, pour eux c'est trop peu de chose, mais de l'avenue du milieu : les armes sont posées de telle manière, qu'elles représentent, en plaçant les lames en l'air, des pins, des palmiers, des saules pleureurs, des corbeilles d'oranges, même des corbeilles de raisin par le moyen de petites balles mises à côté l'une de l'autre et formant parfaitement la grappe. C'est tout ce que l'on peut s'imaginer de plus curieux que le goût avec lequel ces armes sont rangées. De nouveau nous sommes allés suivre le bord de l'arsenal ; il nous a fallu, pour arriver de l'autre côté, traverser dans un bateau suspendu par une grosse chaîne où, moyennant une poulie que l'on tire, il va de droite à gauche : c'est l'entrée des vaisseaux de l'arsenal. La nuit ce passage est gardé par la troupe. Nous sommes montés dans un des plus beaux vaisseaux de guerre ; il était armé de 120 canons et à trois ponts ; nous sommes entrés partout : l'on ne peut se faire une idée de la longueur, de la largeur et de la hauteur de ces vaisseaux, si l'on n'entre dedans. C'est là, quand on voit des vaisseaux chargés de canons et de boulets, que l'on peut apprécier la force de l'eau. Toulon est bien loin de Paris, mais à lui seul il vaut le voyage.

Nous avons repris la diligence de Draguignan ; la route est presque toujours au milieu d'oliviers. La ville n'est pas mal ; la préfecture est très-jolie et même coquette. Nous y sommes restés quelques heures et avons repris la voiture de Nice.

Cette route est beaucoup plus pittoresque, même un peu trop si l'on y passait la nuit ; vous avez au moins douze lieues à traverser dans des montagnes, et tout au bord d'un précipice qui varie de 600 à 800 pieds de profondeur. Si la diligence versait, la route n'étant pas très-large elle roulerait jusqu'au fond.

Nous avons passé à Cannes, petite ville assez gentille ; les maisons de campagne qui se trouvent sur la route sont de très-bon goût. La route, à partir à peu près de là, suit la mer.

Ensuite, nous avons passé à Antibes, ville de guerre. Nous avons aperçu l'ile Sainte-Marguerite, remarquable par le malheureux souvenir du Masque-de-Fer, qui y fut relégué.

En arrivant à Saint-Laurent, près de Nice, l'on a demandé les passe-ports et fouillé les malles.

Le pont du Var, qui est très-long, sépare la France du Piémont ; la moitié nous appartient et l'autre au Piémont. Au milieu, quelque chose semble vous dire : N'oublie pas le pays qui t'a vu naître ! Vas à la découverte, mais souviens-toi bien que l'on se plaît toujours mieux avec ses habitudes qu'en prenant celles des autres. Le voyage ne nuit pas, il vous instruit ; quand vous revenez dans vos foyers, vous avez dans la mémoire la comparaison de tout. Vous n'êtes pas au moins à la disposition de personnes qui vous racontent souvent ce qu'elles n'ont pas vu. Vos impressions vous appartiennent, et alors vous jugez par vous-même que ce beau Paris si vanté ne l'est pas encore assez pour tout ce qu'à lui seul il renferme de magnificence.

La petite ville de Nice est assez gentille. Sur une longue terrasse, vous découvrez toute la mer ; la plage est très-longue ; les quais sont très-beaux ; tout le long sont bâties de très-belles maisons. La ville devient fort peuplée l'hiver ; son doux climat attire une foule d'étrangers qui s'y réunissent. On y donne des bals, même dans les hôtels garnis, où sont de très-beaux salons, pouvant contenir jusqu'à 1,500 personnes. Les familles se reçoivent entre elles. Le gouverneur, de son côté, donne des soirées, et, joint au théâtre, l'hiver se passe gaîment. Rien que le prix des rafraîchissements donnerait envie à un avare de recevoir. Le sucre de première qualité vaut cinq sous la livre ; les fruits confits, même l'orange,

ne valent que douze sous la livre ; les sirops, les gâ-
teaux, tout s'ensuit de même ; la vie y est excessivement bon marché ; mais les voyageurs qui descendent
à l'hôtel pour quelques jours, par le prix qu'ils donnent, ne se douteraient jamais de cet avantage, s'ils
n'étaient instruits par d'autres ; aussi n'est-ce point à
l'hôtel que les messieurs prennent le café, car il est à
présumer qu'on leur prendrait plus de trois sous la
tasse, prix du plus beau café de Nice. Les dames, de
leur côté, ne se privent pas d'entrer chez les confi-
seurs, où, pour peu de chose, elles se régalent de
fruits confits. Il est fâcheux que cela soit si loin de
Paris et que les entrées soient si chères, car l'on ferait de grandes provisions. Faute de le pouvoir, nous
en avons fait de petites, pour nous sevrer, pendant la
route de Gênes, des friandises de Nice.

Il était temps. On met vingt-huit heures en diligence pour arriver à Gênes, et l'on ne fait qu'un repas, non pas qu'on en désire un second, car le premier vous suffit. On nous a servi deux potages à
l'ail et plusieurs autres plats à la mode du pays.
Chacun se jetait déjà sur les hors-d'œuvre, quand
nous vîmes arriver le second service qui, tout en
ayant besoin d'indulgence, pouvait encore se digérer.
Voilà le plaisir de s'arrêter dans les petites villes ; le
dîner est mauvais et vous le payez bon. Mais tous ces
petits désagréments se supportent facilement, quand
l'esprit est occupé.

Rien au monde de plus extraordinaire que cette route

de Nice à Gênes, appelée route de la Corniche, ainsi nommée, en ce qu'elle borde toujours la mer presque en dents de feston et puis aussi par les montagnes qui se trouvent presque suspendues au-dessus. Vous avez d'abord les montagnes des Alpes en quittant Nice, et puis ensuite les Apennins, voici pour la gauche; à droite, toujours la mer. C'est, de toutes les routes possibles, une des plus belles pour le point de vue, mais c'est une des plus dangereuses. Bien au-dessus du niveau de la mer, sur des rochers, est coupée la route; elle est sans garde-fou. Ce qu'il y a de plus effrayant, c'est qu'elle fait la dent de feston, et chaque fois que l'on tourne, si les chevaux avançaient seulement quatre pas de plus, c'en serait fini de vous. Ce qui est encore à redouter, c'est que la route est juste pour le passage de deux voitures, et quand on se rencontre dans les coudes, c'est effrayant. Notez bien que, d'un côté, c'est un rocher taillé droit comme un arbre, et de l'autre la mer. Il n'y a donc pas la ressource des autres routes, qui peuvent anticiper sur les bas côtés; aussi s'occupe-t-on de voter des fonds pour élargir la route et mettre des pierres qui puissent garantir le côté de la mer. Peu de personnes prennent ce chemin pour aller à Gênes; elles préfèrent s'y rendre par mer. Quand vous quittez le bord de la mer, c'est pour passer au milieu de courants d'eau formés par les chutes des montagnes; le plus profond, dans le mois de septembre, est de deux pieds d'eau, mais l'hiver cela devient très-dangereux ; les chevaux, quelquefois, ont peur et se refusent à passer. C'est vraiment une route extraordinaire. Toutes les rues des villes où la diligence passe sont si justes, que la voiture tient toute la largeur. Nous sommes entrés sous au moins quatre ou cinq voûtes très-longues taillées dans les rochers, faites comme des tunnels. La nuit, ce n'est pas très-rassurant. Vous n'avez d'autre lumière que celle de votre voiture, et si les voleurs ne s'y cachent, c'est qu'ils ne veulent pas. C'est une vraie route de touriste, toute espèce de choses est réunie ; des montées de deux heures, des descentes de même, une rue à pic à monter à Ventimilia, et une autre rue à descendre ; des routes noires à traverser, des rivières sans ponts, des routes sans gardes-fous, des montagnes et des précipices, et enfin la mer Méditerranée, où une quantité de barques de pêcheurs se promènent tranquillement, cherchant à gagner sur la mer la nourriture qu'ils ont besoin chaque jour sur la terre. Nous avons vu la principauté de M. de Monaco. C'est presque comme une île, tant cela avance dans le milieu de la mer. Il paraît que c'est assez considérable, car il y a beaucoup de maisons.

Nous sommes enfin arrivés à Gênes, ville très-commerçante et bien peuplée. Il ne manque pas de vaisseaux. Devant le port, est une superbe terrasse, d'où l'on découvre la mer, et, dessous cette même terrasse, une galerie où l'on se promène. Il y a de très-belles maisons qui ressemblent à des palais.

Nous sommes allés voir l'église de l'Annonciade ;
elle est toute de marbre, depuis les autels, les piliers
jusqu'aux dalles, la chaire et l'escalier. Mais, ce n'est
pas tout encore ; ce sont les dorures et les peintures,
à compter du haut des piliers, qu'il faut voir jusqu'à
la coupole ; rien de plus coquet. Les appartements de
Versailles ne sont pas aussi riches que cette église.
Tout brille, tout étincelle de tous côtés. C'est le fa-
meux Carloni, célèbre peintre génois, qui a fait toutes
les peintures, qui rivalisent beaucoup avec celles de
Raphaël. Le dedans de l'église a coûté sept millions. Le
dehors ne représente pas, à beaucoup près, un chef-
d'œuvre pareil.

Nous avons encore visité trois autres églises, toutes
d'un genre différent, mais, cependant, bien plus coquettes que celles de France. Les nefs et les coupoles
sont peintes et dorées. Le luxe est poussé au dernier
point. Le portail tout en marbre de l'église Saint-Laurent est majestueux pour sa hauteur. De chaque côté des
marches, sont couchés deux énormes lions en marbre.
Ce qu'il y a de fâcheux, c'est de voir d'aussi belles
choses dans des rues si étroites, faites ainsi pour empêcher le soleil d'y pénétrer, la chaleur y étant ex-
cessive l'été.

Toutes les femmes de Gênes, n'importe la condi-
tion, se promènent avec de grands voiles blancs
posés sur leurs cheveux comme aux premières com-
muniantes. Après avoir bien ri, à notre arrivée, de
ce costume de vierge si peu en harmonie avec la

vieillesse, le lendemain, à notre réveil, nous avions deviné pourquoi, quand nous vîmes notre figure et nos mains couvertes d'ampoules faites par des cousins. Il était alors facile de voir que ce voile, qui représente si bien la candeur, n'était pas pour éviter un seul cousin, mais des milliers..

O ville de Gênes ! si tu as mérité le surnom de *superbe* par tes riches églises et tes palais de marbre ; d'un autre côté, l'on peut bien t'appeler aussi ville de *gêne* et de *privations*, pour les malheureux en si grand nombre qui demandent leur vie de tous côtés !

C'est à Gênes où nous avons vu la preuve qu'il ne fallait jamais dire : Fontaine, je ne boirai pas de ton eau. Partis de Paris avec l'intention formelle d'arriver à Rome par la voie de terre, nous avons été forcés de prendre la mer par les conseils de beaucoup de voyageurs, qui nous ont prévenus de tous les dangers que nous courrions à traverser la Toscane. Les mendiants fourmillent dans l'Italie, et quand on s'arrête dans les grandes villes, on a peu de peine à croire que des gens qui manquent de tout aient l'idée de vous attendre sur des routes si faciles à protéger le crime. On nous disait que les voiturins qui se chargeaient de vous conduire étaient les premiers dont il fallait se méfier ; que votre pratique était vendue et revendue d'avance par eux. Ce qu'il y a de certain, c'est que très-peu de personnes passent par la voie de terre. Il nous fallut donc nous décider à prendre la mer. Revenir à Paris, sur nos pas, après avoir fait près de quatre cents lieues, et ne pas pousser le courage jusqu'au bout, c'eût été vouloir passer pour des poltrons. Après tant de fatigues, il fallait au moins du pape recevoir la bénédiction.

A six heures, nous prîmes une petite nacelle qui nous conduisit en rade, où était le vaisseau dans lequel nous devions nous embarquer. Que tout cela vous paraît étrange pour la première fois! que de réflexions viennent se disputer leur tour! que de craintes à dompter! que de frayeurs à calmer, quand vous réfléchissez que vous allez être livré, dans quelques instants, à la fureur des flots! Cette terre que vous quittez, peut-être ne la reverrez-vous jamais! Aussitôt arrivé, on se mit à table. Le dîner fut servi comme dans les meilleurs hôtels de France. Le dessert fini, notre capitaine se leva et nous partîmes de suite. Après être restée environ une heure sur le pont, je n'eus que le temps de descendre. Les vomissements commencèrent, et je passai une partie de la nuit à souffrir horriblement. Renfermée dans ma cabine, je me couchai sur un petit lit suspendu. Au-dessous, était celui de mon mari. Au chevet de mon lit, j'avais un petit carreau, où, pour toute consolation, je voyais les flots dans une grande agitation. Je n'eus pas de chance pour mon premier voyage en mer, car elle fut très-mauvaise. Sur trois vaisseaux partis de Gênes, un arriva deux heures après nous, et l'autre, ne pouvant soutenir la mer, fut obligé de s'en retourner à Gênes.

Nous fûmes tous très-malades, et en arrivant à Livourne, d'où nous devions repartir le soir même pour Civita-Vecchia, le capitaine, voyant la mer si houleuse, ne put repartir que le lendemain au soir. Que c'est effrayant de voir les vaisseaux sur mer, par un grand vent! Nous avons vu entrer dans le port celui qui nous suivait. Il était totalement de côté; le nôtre en avait fait autant; mais, étant couchée encore à ce moment, je n'en vis pas heureusement l'effet.

Ne pouvant rester si longtemps dans le vaisseau, nous reprîmes une barque pour nous conduire à Livourne. Je ne sais quel intérêt ils ont à vous faire faire un tour énorme dans le bassin, à vous effrayer des flots pendant au moins un quart d'heure, quand ils auraient la facilité d'abréger le chemin. Dans tous ces pays-là, ils cherchent le moyen, de tous côtés, de vous faire dépenser de l'argent inutilement.

Nous avons vu Livourne, ville très-peuplée, comme tous les ports de mer; beaucoup de commerce; les rues et les maisons sont assez belles.

A peine remis, encore tout étourdis du balancement du vaisseau, il nous a fallu aller le rejoindre dans notre nacelle. Je demandai, de suite, au capitaine ce qu'il pensait de l'état de la mer. Il m'assura que, le vent étant presque apaisé, nous aurions peu à souffrir et qu'à moitié chemin la mer serait tout à fait calme. Effectivement, nous ne souffrîmes pas, à beaucoup près, autant.

Sur les dix heures, nous passâmes devant l'île

d'Elbe. Si l'obscurité de la nuit nous empêcha de rien distinguer, elle ne nous fit pas perdre de vue les douloureux souvenirs qui s'y rattachent.

Nous arrivâmes sur les six heures du matin à Civita-Vecchia. Il faut passer par là pour se faire une idée de tout le tourment qu'on a en voyage. Nous crûmes ne pas sortir de cette ville. De tous côtés, ce furent des formalités à remplir pour les passe-ports, pour la douane, pour plomber nos malles. Ce qu'ils veulent avant tout, c'est rançonner les voyageurs. Les commissionnaires, quoiqu'en guenilles, s'appellent *faquins*. C'est le nom du pays. Il est vrai que, par le prix exorbitant qu'ils vous prennent pour porter vos effets, s'il passait beaucoup de voyageurs, ils pourraient bien à la fin devenir de vrais faquins.

Nous avons repris la diligence jusqu'à Rome. Pendant l'espace de douze lieues, ce sont des plaines plus ou moins bien cultivées. Ce qu'il y a de mieux à voir pendant cette route, ce sont leurs vaches grises, ayant sur la tête des cornes comme des cerfs.

Sur les huit heures du soir, nous entrions à Rome, bien surpris de ne pas y trouver le gaz. A peine les rues sont-elles éclairées ; elles sont pavées avec de petits cailloux. Les maisons et les boutiques sont sales. Jamais on ne se douterait que les gouvernants d'une ville qui renferme des monuments aussi beaux, des églises qui, par leurs richesses, avec le prix qu'elles ont dû coûter, suffiraient pour bâtir des villes entières, n'aient point eu l'idée de s'occuper d'elle ; c'est un contraste qui ne s'explique pas. Vous faites votre entrée dans Rome, presque vexé d'être venu de si loin pour voir une ville si laide et si sale ; et quand vous en sortez, au contraire, vous êtes fier d'y être venu.

Nous sommes allés voir l'église Saint-Pierre. Devant, une immense place ; au milieu est une pyramide ; de chaque côté, deux jets d'eau ; autour de cette place, une galerie à 284 colonnes surmontées de balustrades ornées de 96 statues ; elles vont rejoindre, de chaque côté, une longue galerie qui correspond à l'église. Au bas des marches du portail, d'un côté est la statue de saint Pierre, et de l'autre celle de Pie IX. Au fronton du portail, sont les statues des douze apôtres et Notre-Seigneur au milieu. L'entrée de l'église a cinq portes de façade. Un vestibule la précède. Dedans, vous jugez déjà de l'église. Sitôt que vous pénétrez dans l'église Saint-Pierre, vous vous trouvez comme ébloui de ce chef-d'œuvre ; elle a 200 mètres de longueur et 150 de largeur. Au milieu, sous le dôme, est le tombeau de saint Pierre, premier pape. Il vint établir son siége à Rome. Quatre colonnes en bronze ciselées et dorées supportent un dais ; au-dessous est l'autel ; derrière, le caveau. On y descend par deux riches escaliers de marbre. 95 lampes toutes dorées sont allumées jour et nuit ; cela ressemblerait, pour l'élégance et la richesse, plutôt à un boudoir qu'à un tombeau. Tout au bout de l'église est placé, en élévation, le fauteuil où prêchait saint Pierre. Toute l'église, même par terre, est en marbre de plusieurs couleurs. Sur tous les piliers, sont en relief des portraits de papes, soutenus par des anges et une quantité de colombes en marbre blanc, tenant une branche de laurier en marbre vert. Autour des piliers et sur les bas côtés de l'église sont tous les tombeaux des papes. Rien au monde de plus beau ! On les voit à genoux ou assis dans un fauteuil. Autour, sont les allégories qui conviennent à chacun d'eux. Presque à l'entrée de l'église est celui de Grégoire XVI, dernier pape. Son corps est là ; il ne descendra dans le caveau que quand Pie IX prendra sa place. Ce tombeau est réservé toujours pour le dernier. L'église Saint-Pierre a été commencée, sous Léon XII, par Michel-Ange ; mais l'église souterraine, où repose saint Pierre, a été commencée trois cents ans après Jésus-Christ.

Tous les tableaux sont autant de mosaïques; vous les admirez déjà, croyant que c'est peint : ainsi, jugez du talent. Quand on est dans cette église, on se croit transporté dans les cieux ; on ne comprend pas que la main de l'homme puisse faire quelque chose d'aussi beau.

En sortant de Saint-Pierre, nous sommes montés au Vatican; par un heureux hasard, le lendemain de notre arrivée nous avons vu le pape. Pour avoir l'honneur de le voir, il faut demander une permission que l'on obtient, mais quelquefois au bout de quinze jours. Restant peu de temps, il eût fallu presque y renoncer; quand le bonheur voulut que quelqu'un de sa garde nous prévînt que le pape sortait quelquefois à cinq heures, mais que personne ne le savait d'avance. Nous attendîmes donc. Au bout d'une heure environ que nous avions employée à voir une galerie de peintures représentant toute la Bible et faites par Raphaël, nous entendîmes une voiture dans la cour : c'est alors qu'il fallut nous voir courir et descendre lestement les escaliers. Nous arrivâmes même encore assez à temps pour examiner la voiture toute dorée, où un fauteuil en velours rouge occupe le milieu ; quatre chevaux noirs très-beaux y étaient richement attelés ; la troupe à cheval était rangée dans la cour. Nous étions quatre personnes près de la voiture attendant le Saint-Père. Quand il fut prêt à venir, les soldats du pape vinrent se ranger autour de la voiture ; il parut, tout le monde se mit à genoux ; il regarda de notre côté et, après nous avoir donné sa bénédiction en montant, au moment de fermer la portière, il se retourna une seconde fois et nous donna encore sa bénédiction. L'on est tout ému et tout fier en pensant que l'on vient de voir la première personne de l'univers ; sa figure vous rassure, car il a l'air très-bon et très-affable.

Le lendemain, nous sommes allés visiter la bibliothèque du Vatican, dont les galeries sont immenses. Les livres sont tous renfermés, ils ne sont pas visibles pour le public ; mais vous êtes bien dédommagés par autre chose : tous les plafonds, ainsi que les murs au-dessus des bibliothèques, sont couverts de peintures ; vous voyez non-seulement les portraits des papes, mais les tribulations qu'ils ont supportées, leur vie entière, et ce qui s'est passé de remarquable pendant leur règne. Nous avons vu, entre autres, Pie VII sortir de Rome par ordre de Napoléon, son arrivée à Savone, ville près des Apennins, et plusieurs autres passages de sa route jusqu'à son arrivée à Fontainebleau et son retour à Rome. Vous le suivez ainsi des yeux dans son triste voyage et le voyez revenir avec plaisir, au milieu des acclamations des Romains, qui, tous à genoux, se pressent en foule sur son passage. Tous ces tableaux sont rendus de manière que vous comprenez aussi bien que si cela se passait à l'instant. Nous avons vu aussi Pie VI qui fut exilé à Valence pendant la grande révolution; il y mourut. C'est le seul des papes qui aurait pu prêcher dans la chaire de Saint-Pierre, car il faut être nommé pape depuis vingt-cinq ans pour en avoir le droit. Pie VI avait accompli ses vingt-cinq ans étant à Valence.

Dans de riches armoires sont des curiosités de très-grand prix : des camées qui valent dix mille francs, des vases de la Chine, des cheveux conservés venant de momies, des statuettes, tout ce que l'on peut réunir de plus curieux. A l'entrée de la première galerie sont deux superbes candelabres donnés par Napoléon, un vase en porcelaine de Sèvres donné par Charles X, une coupe en malachite verte, de la plus grande beauté, offerte par l'empereur de Russie. Chaque puissance veut avoir l'honneur de placer quelque chose de beau parmi tous ces chefs-d'œuvre.

Nous sommes allés voir l'église de Saint-Jean-de-Latran ; elle est toute en marbre, la coupole dorée ; sur chaque pilier est placé, entre deux colonnes, un apôtre ; sa statue, en marbre, a au moins dix pieds de haut. Sur les bas-côtés de l'église, parmi les chapelles qui méritent toutes d'être vues, il en est une encore plus remarquable, celle où est enterré Clément XII : il est représenté sur un tombeau dans une chapelle éblouissante de dorures ; au-dessous sont des tombeaux où sont déposées ses cendres et celles de sa famille ; on descend dans le caveau : sur un autel est représenté, en marbre, Notre-Seigneur mort entre les bras de la Sainte-Vierge. On allume une bougie pour vous faire voir cela ; le marbre est tellement beau, que l'on voit la lumière au travers des mains ; les veines sont faites comme si le sang circulait encore dedans : c'est un chef-d'œuvre de perfection. Dans un autre petit caveau, nous avons vu la table, mise sous verre, où Notre-Seigneur fit son dernier souper. Nous avons vu aussi, dans une galerie de sculpture attenant à l'église, la pierre sur laquelle les juifs partagèrent la robe de Notre-Seigneur ; plus loin, une espèce de petit temple qui marque la hauteur de Notre-Seigneur, qui était de cinq pieds huit pouces ; des colonnes aussi venant de la maison de Ponce-Pilate.

De là, nous sommes rentrés dans l'église, où nous avons vu deux petits tableaux peints par Raphaël, dont on a offert 400,000 fr. On passerait des journées entières dans chaque église, tant il y a de chefs-d'œuvre à voir.

Tout près de là, nous sommes allés voir l'escalier par lequel Notre-Seigneur est monté chez Ponce-Pilate et est redescendu après avoir été condamné à mort; ce même escalier a été apporté de Jérusalem; il est en marbre blanc et recouvert de bois afin de ne pas user les marches; on ne peut y monter qu'à genoux. Si vous préférez, pour arriver à la chapelle, placée en haut, passer par un autre à côté, vous choisissez; mais celui de la Croix doit être respecté et ne peut être gravi qu'à genoux.

Plus heureux que tant d'autres personnes qui passent leur temps à courir de tous côtés, même chez le ministre, pour obtenir de lui, quelquefois trop tard, la faveur de voir le pape, nous, sans faire la moindre démarche, tout en visitant l'église, nous avons eu la chance qu'un jeune prêtre nous prévienne que le pape viendrait le lendemain, sur les sept heures et demie, pour dire la messe dans la chapelle souterraine, ce qui lui arrive au plus trois ou quatre fois par an. Dans la crainte de manquer, dès cinq heures du matin nous étions levés; mais malheureusement il se mit à pleuvoir à verse : c'était un orage affreux; impossible de trouver une voiture. N'étant que pour quelques jours à Rome, il n'y avait pas moyen de reculer; c'était une occasion trop belle pour ne pas en profiter. Nous prîmes donc notre parapluie et, au bout de trois quarts d'heure, nous arrivâmes tout mouillés. Très-peu de personnes se trouvaient là, car beaucoup l'ignoraient. Le pape sortit du Vatican, qui communique avec l'église, traversa une partie de la nef au milieu de grands personnages et de sa troupe. Nous nous mîmes à genoux sur son passage et il nous donna sa bénédiction. De là, il descendit dans la chapelle souterraine pour y dire la messe. L'escalier fut refermé de suite et gardé par les soldats; je leur demandai pour entrer; ils me dirent de parler au colonel qui, n'ayant pas le droit de faire entrer, m'adressa à un chambellan, prince allemand ayant à peu près vingt-six ans, et dont la jolie figure prouve bien que, s'il s'est retiré du monde, ce n'est point par ses infortunes, mais par vocation. Je lui demandai donc la permission d'assister à la messe, en lui disant que je venais de Paris; il me répondit d'une voix douce que la messe étant prête à commencer, il ne pouvait plus parler au pape pour lui demander la permission. Mais je ne perdis pas autant que je pensais : plus loin je vis un militaire en faction; j'allai pour m'assurer de ce qu'il pouvait garder, et je fus bien surprise de trouver par terre trois carreaux grillés en forme de soupiraux où, par ces mêmes grilles, je vis toute la chapelle et l'autel où le pape officiait. Sauf la fatigue, je fus aussi bien qu'en bas; nous suivîmes la messe parfaitement bien : quatre dames en voile noir communièrent. Quand la messe fut terminée, devant l'autel le pape ôta sa chasuble de soie blanche, toute éblouissante d'or, son surplis de dentelle, et remit sa robe de laine blanche (costume ordinaire des papes), un camail de satin ponceau et son étole remplie de pierreries. Il se mit à son prie-dieu, qui est couvert en maroquin rouge, et là, à genoux, il entendit une messe ; après il remonta de la chapelle, et de nouveau il nous donna sa bénédiction.

Nous rentrâmes ensuite à l'hôtel, et le temps fut si mauvais, que nous ne sortîmes pas de la journée. Je cherchais, mais en vain, ce beau ciel de l'Italie, sans nuages, nous dit-on, et qui cependant réclamait comme partout l'usage du parapluie. Que l'on s'abuse quand on croit que l'Italie est un séjour délicieux ! Depuis Nice jusqu'à Rome, la distance est assez grande pour pouvoir juger du climat ; eh bien, je n'ai rencontré partout ou que des chaleurs excessives, accompagnées d'insectes qui vous dévorent, ou alors une température comme celle de Paris. On nous disait qu'aux environs de Rome, les paysans étaient obligés d'abandonner pendant plusieurs mois de l'année leurs habitations et de venir se réfugier à Rome pour éviter des pluies de moucherons qui n'étaient point supportables, et que presque toujours ces insectes précèdent les fièvres pernicieuses auxquelles ils sont sujets. Voilà donc ce doux climat si vanté. Oh! croyez-moi ! si vous allez là pour votre santé, allez de préférence vous asseoir au soleil des Champs-Elysées ; vous dépenserez un peu moins et la course aussi sera moins longue. Mais si vous voyagez en artiste, pour vous instruire, pour voir des merveilles, oh ! alors, il faut prendre de suite la route de Rome. De ce côté-là, sa réputation n'a pas de bornes ; cette ville est le dépôt de toutes les antiquités : les choses les plus sacrées qui se rattachent à la passion de Notre-Seigneur sont toutes visibles au public ; les tombeaux des saints, des papes, des empereurs romains, des dieux de la fable sont là ; les monuments, les églises, les tableaux de Raphaël, les mosaïques, tout cela se compte par centaines ; les églises, petites et grandes, sont au nombre de 350, ce qui fait une église nouvelle tous les jours.

Nous sommes allés voir le Colisée, espèce d'arène où des hommes se battaient contre des animaux. Dans une fête que Titus donna, un grand nombre de gladiateurs et 5,000 bêtes périrent. C'était tellement grand que 107,000 personnes pouvaient y trouver place ; l'on voit encore les ruines. Le Colisée a 1,640 pieds de tour ; il était tout couvert de plaques de marbre ; mais depuis tout a été dégradé par le temps.

Nous avons aussi visité le Panthéon, construit vingt-sept ans avant Jésus-Christ, par Agrippa, gendre de l'empereur Auguste ; il a donc 1,876 ans d'existence. La porte de bronze est, selon toutes les apparences, l'antique porte du temple ; les murs ont 19 pieds d'épaisseur ; les compartiments en caissons de la voûte étaient recouverts de lames d'argent qui disparurent dans les diverses invasions des barbares. Ce monument fut dédié à la Sainte-Vierge et aux martyrs : les saints remplacèrent les dieux. Sur un des autels est la statue en pied de la Sainte-Vierge, et derrière l'autel sont déposés les restes mortels de Raphaël, le prince des artistes ; auprès de lui repose Annibal Carrache.

Nous sommes allés de là, place de Venise, voir le château de Venise, où plusieurs papes habitèrent, et même le roi de France Charles VIII y demeura à son passage par Rome dans son expédition contre le royaume de Naples. A côté est le palais Rinuccini. M^me Lœtitia, mère de Napoléon, exilée de partout ailleurs, mais accueillie par le pape Pie VII, en fit l'acquisition et y mourut.

Dans le palais de Venise est la paroisse Saint-Marc, une des plus anciennes de Rome. Tout y est d'une richesse extraordinaire : 20 belles colonnes de jaspe de Sicile sont appuyées sur des piliers en marbre blanc. Le maître-autel est orné de colonnes de porphyre ; sous cet autel, dans une urne de granit gris antique, repose le corps de Saint-Marc, évangéliste. Des tombeaux en marbre de la plus grande beauté tapissent tout le tour de cette église.

Nous nous sommes promenés le soir au Corso, principale rue de Rome. Le monde ne manque pas ; mais c'est l'éclairage, malgré la quantité de saintes Vierges qui, placées à presque tous les angles des rues, sont éclairées de lanternes. Dans toutes les boutiques, ils ont aussi l'image de la Sainte-Vierge et une lumière devant. Je ne sais si leur dévotion est aussi sincère que celle qu'ils affectent ; ce qu'il y a de certain, c'est que le premier dimanche de notre arrivée, nous avons vu passer devant nos fenêtres une très-grande procession, qui commençait par des demoiselles en blanc voilées et finissait par des prêtres dont une certaine quantité étaient masqués ; il faut croire que c'est l'ordre de la communauté, car dans la ville nous en avons rencontré un, habillé en soutane de toile de coton et masqué, qui entrait dans les boutiques tenant une tirelire à la main pour demander ; il était effrayant dans ce costume. Oh ! combien l'on trouve de changement quand on voyage ! Que les habitudes de chaque pays sont donc différentes des nôtres ! On cherche en vain des femmes en toilette ; le peu que l'on voit, ce sont des étrangères qui viennent visiter l'Italie ou y passer la saison d'hiver. D'après le récit que l'on nous en fait en France, nous aurions presque craint de passer nos nuits blanches à écouter les chants mélodieux des Italiens, qui, dit-on, chantent jour et nuit ; mais, bien loin de vous réveiller la nuit, ils ne songent seulement pas à chanter le jour ; ils ne paraissent même pas assez gais pour en avoir envie. Revenons donc à nos monuments, puisque pour eux seuls est le voyage.

Après avoir passé sur le pont Saint-Ange, nous sommes entrés au château Saint-Ange, espèce de fort aujourd'hui. Un corridor va rejoindre le Vatican, par lequel, en temps de guerre ou de troubles, les papes se ménagent une retraite dans ce château. De là, nous sommes allés voir les tableaux de Raphaël ; son dernier représente la Transfiguration ; il mourut à la suite. Tous les artistes prétendent que c'est le plus beau tableau qu'il y ait en Europe. Pauvre Raphaël, la gloire des artistes, la mort ne respecta pas ton talent ; ta main, glacée par elle fut obligée d'abandonner le pinceau ! Le même jour te vit naître et mourir : c'était le vendredi saint, à trente-sept ans. Il te fallut quitter la vie sans avoir le temps à peine de recueillir tous les lauriers qui t'appartiennent : mais si on ne t'en donna pas le temps, tu n'en perdis pas un. A toi seul, tu occupes la pensée des artistes de tous les pays ; ils accourent à Rome, si ce n'est dans l'espoir de t'imiter, c'est au moins dans celui d'avoir une copie de tous tes chefs-d'œuvre.

En descendant du Vatican, nous sommes allés de nouveau voir l'église de Saint-Pierre et avons eu la chance de pouvoir, sans permission, mais avec la recommandation d'un officier qui nous accompagnait, monter tout au haut de l'église Saint-Pierre ; c'est bientôt dit, mais il faut, pour y arriver, monter à peu près 900 marches ou 485 pieds : quand vous regardez dans l'église à la hauteur de la première coupole, les personnes vous paraissent des enfants ; et, parvenus à la seconde, il faut une bonne vue pour les voir. Nous sommes montés encore au-dessus, sur le dôme, et là on découvre la mer Méditerranée, quoique à douze lieues de Rome, les Apennins et la ville entière. Nous avons monté encore un escalier fait en dent de feston, et nous nous sommes assis sur des bancs placés autour de la dernière petite

coupole, et puis ensuite nous avons monté un étage
encore pour arriver à l'échelle qui conduit dans la boule
d'or sur laquelle est posée la croix ; mais devant
l'échelle je me suis inclinée, d'autant plus qu'elle est
aussi droite que le mur, et qu'arrivé dans cette boule
on n'y voit rien : c'est seulement pour dire que l'on a
été à la pointe de l'église ; c'est donc un demi-étage
de plus ou de moins. J'avais bien gagné de m'asseoir
après avoir monté 900 marches, car il y a de quoi
perdre haleine et, mieux que cela, avoir le vertige à
regarder d'aussi haut.

Après nous être reposés, nous sommes descendus,
bien contents d'avoir eu non-seulement le charmant
coup d'œil de la mer, de Rome, de ses environs, mais
encore celui de l'église où, montés dans toutes les
coupoles, nous pouvions voir de près toutes ces mosaïques que vous regardez d'en bas, mais en vain,
puisque par la hauteur on ne peut les distinguer.
Notre journée fut complète et nous rentrâmes dîner.

Le lendemain, nous partîmes de bonne heure pour
aller d'abord voir la superbe promenade faite par Napoléon ; ce sont des allées bien couvertes où tout le
monde, le dimanche, se rend en voiture ou à pied :
c'est à peu près le genre des Champs-Elysées ; mais
ce qu'il y a de beaucoup plus beau, c'est que cette
promenade étant de beaucoup en élévation, l'on découvre toute la ville et les monuments antiques qui,
çà et là, sont encore restés isolés au milieu de la verdure et des collines. Tout au bas est la superbe place

du Peuple, entourée de fontaines, de statues et de beaux monuments.

Nous avons continué notre route pour aller à l'église de Sainte-Marie-Majeure, qui est en petit un peu sur le modèle de Saint-Pierre. Dans la chapelle du Saint-Sacrement, le tabernacle, soutenu par quatre anges en bronze doré, a la forme de l'église du Saint-Sépulcre, à Jérusalem. La chapelle souterraine contient des reliques de la sainte crèche. Dans la chapelle de la Croix, on conserve le berceau de Notre-Seigneur, attesté par une déclaration de saint Jérôme, qui passa une grande partie de sa vie dans la grotte de Bethléem. De l'autre côté de l'église est la superbe chapelle Borghèse, représentant le pape Libère traçant sur la neige la forme de cette future basilique. En sortant de l'église, on voit une petite colonne, élevée par le pape Clément VIII en mémoire de la réconciliation d'Henri IV, roi de France, avec le saint-siége.

Nous avons repris notre chemin pour rentrer à l'hôtel. C'était à peu près nos dernières excursions, car le lendemain nous repartions pour Florence.

Le jour de notre départ fut employé à régler nos comptes, préparer nos effets, et faire nos adieux aux personnes dont nous avions fait la connaissance à l'hôtel.

O Rome! avant de te quitter, reçois l'assurance de mon admiration pour toutes tes belles églises, tes monuments antiques, tes musées pleins de curiosités, tes galeries remplies de tableaux de Raphaël; et

mieux que cela, pour le privilége de posséder dans
les murs le plus grand de l'univers, en un mot le représentant de Dieu sur la terre. Malgré soi, l'on ne
peut se défendre d'un mouvement d'orgueil, en
pensant que désormais on pourra dire : Je suis allée
à Rome, pays des artistes en tous genres ; ville
qui depuis Louis XIV, à titre de récompense, reçoit tous nos meilleurs artistes, envoyés aux frais du
gouvernement. Cela prouve bien que tu renfermes de
belles choses, puisque tu sers d'encouragement aux
talents de la jeunesse. Tant il est vrai que rien n'est
parfait sur la terre, ce qu'on ne comprend pas, c'est
qu'une ville pareille manque d'abord d'être éclairée au
gaz, reste mal pavée, et qu'en grande partie les rues
soient aussi étroites et aussi sales ; il faut croire que
tous les grands personnages sont dans la rue du
Corso, qui n'est remplie que de grands hôtels, et que
les personnes riches, ne sortant qu'en équipage à
Rome, ne tiennent alors point aux pavés.

Ce n'était pas tout d'être venu à Rome, il fallait
s'en retourner. Avec tous les voyageurs, il n'est
question que de cela à table ; chacun raconte une histoire et donne son avis : l'un conseillait de ne pas
aller sur mer, parce qu'en ce moment des équinoxes
la mer était très-mauvaise ; d'autres racontaient le
danger que l'on courait à traverser la Toscane, où
les brigands vous dévalisent de tout. Au milieu de
cela, il fallut cependant donner la préférence à un.
D'une part, je ne connaissais la mer que pour avoir

bien souffert, mais en plus j'avais à redouter cette fois que nous fissions quarantaine en arrivant à Gênes, supplément qui peut compter pour une seconde traversée. Je me décidai donc pour la voie de terre. S'exposer avec des voiturins, c'eût été encore bien tourmentant ; nous prîmes donc le courrier : cela revient beaucoup plus cher, mais c'est ce qu'il y a de mieux. Ce n'est pas par la quantité de voyageurs que vous êtes rassurés, car on n'est que quatre personnes, compris le conducteur.

Nous partîmes donc de Rome vers les six heures. Heureusement qu'au moment de monter en voiture, nous apprîmes que le secrétaire de l'ambassadeur de France partait avec nous, car nous eussions fait 70 lieues seuls avec un conducteur qui n'entendait pas le français. Je fus un peu rassurée, pensant que s'il arrivait quelque chose, ce Monsieur en imposerait peut-être aux brigands, et de plus il avait deux pistolets chargés. Nous eûmes le clair de lune pendant plusieurs heures, j'en profitai pour regarder tout le long de la route ; je ne vis rien qu'une route mauvaise, mal entretenue, et beaucoup de terres incultes. A la pointe du jour, la campagne devint plus belle ; nous fîmes plusieurs lieues le long du lac de Bolsena, qui a huit lieues de long.

Après avoir passé plusieurs heures dans une route très-pittoresque, où dans les vallées étaient réunies aux troupeaux de moutons une quantité de jolies chèvres, nous arrivâmes dans une autre beaucoup plus déserte.

Nous avions alors quitté les États-Romains pour entrer en Toscane; là nous étions au milieu de montagnes incultes, amoncelées les unes par-dessus les autres. Nous mîmes deux heures et demie pour monter la montagne de Raticofani.

Arrivés à cette ville, on nous donna une heure pour déjeuner. De la salle à manger on découvrait toute cette longue chaîne de montagnes; nous étions sur une des pointes des Apennins. Quoique au milieu d'un désert, on peut le dire, nous déjeunâmes fort bien. Ce Monsieur commanda le déjeuner et nous rendit service; ne sachant pas parler italien, nous eussions été fort embarrassés.

Nous repartîmes ensuite. Il fallut descendre cette chaîne de montagnes; on ne mit cette fois que deux chevaux et l'on venait d'en dételer huit. Rien que cela prouve bien à quelle hauteur nous étions. Nous continuâmes donc cette route, coupée au milieu des montagnes, et, après avoir fait plusieurs lieues, on remit quatre chevaux comme d'habitude. Que toutes ces routes d'Italie sont désertes! Sauf une auberge toutes les trois ou quatre lieues pour les relais, vous ne voyez pas de maisons pendant quelquefois douze ou quinze lieues. Les gens qui apportent des provisions couchent sur la route, dételent leurs chevaux, les attachent à la charrrette et dorment eux-mêmes sur la voiture; nous en avons rencontré plusieurs ainsi.

Arrivés à Sienne, nous avons soupé et remonté en

voiture : c'était la seconde nuit que nous allions encore passer sans nous être reposés ; le corps comme l'esprit s'habitue à tout, et nous passâmes la nuit assez bien ; nous étions déjà aguerris par la première, et, sans nous préoccuper du danger, nous traversâmes la Toscane assez tranquillement. Nous ne vîmes heureusement d'autres brigands que ceux que notre imagination avait mis dans notre cerveau et nous arrivâmes, bien contents d'être débarrassés sains et saufs de la Toscane, car ce qui n'arrive pas un jour peut arriver un autre, puisque, la veille de notre arrivée à Rome, la diligence avait été dévalisée sur la route de Civita-Vecchia.

Arrivés à Florence sur les neuf heures du matin, nous ne sortîmes que très-peu ce jour-là ; nous étions excessivement fatigués et avions besoin de repos. Le peu que nous vîmes nous suffit pour juger la ville très-gaie, bien peuplée, éclairée au gaz ; beaucoup de boutiques et les rues plus propres qu'à Rome ; elles sont même dallées.

Le lendemain, bien loin de nous être trompés sur la bonne opinion que nous avions eue de Florence, nous fûmes très-flattés de nous trouver dans une ville on pourrait presque dire *accomplie*. On se croit à Paris par le mouvement qu'il y a de tous côtés ; les toilettes sont magnifiques, les équipages brillants, les rues très-propres, car, étant toutes dallées, les eaux passent dessous, et vous n'avez pas l'inconvénient d'être éclaboussé par les voitures ; de plus, les vivres

y sont à très-bon marché, *même* pour les voyageurs,
ce dont on ne nous fait jamais profiter dans aucun
pays. L'air y était encore assez doux fin octobre pour
s'habiller en blanc : c'est un climat préférable à celui
de Rome, où les chaleurs ne sont pas supportables
l'été et où il faisait déjà même un peu froid au com-
mencement d'octobre.

Nous sommes allés voir d'abord les églises : la mé-
tropole, en dehors, est toute de marbre de plusieurs couleurs ; c'est magnifique d'architecture ; mais
en dedans cela ne répond pas au dehors : c'est un peu
noir. En général, les églises de Florence sont beaucoup plus belles en dehors.

De là, nous avons visité le Musée. Dans la première galerie, les statues représentent les Muses
d'Apollon, une partie de la mythologie. Ensuite, vous
entrez dans les galeries de tableaux : là sont les chefs-
d'œuvre de tous les plus grands peintres. Les personnes qui les regardent n'ont pas l'œil plus animé
que les figures de ces tableaux : c'est en grande
partie l'histoire sainte, quelques guerres et des portraits de hauts personnages. De là, nous sommes
entrés dans une espèce de petite rotonde à ciel ouvert ;
tout autour, dans des montres sous verre, sont placées
les choses les plus précieuses, venant de tous pays ;
des vases entourés de diamants, des coquillages d'un
grand prix formant des cygnes dont le bec est enrichi
de perles et de pierreries. Saint-Pierre et Saint-Paul
sont faits en petit avec des marbres de plusieurs cou-

leurs ; leur robe brune, leur ceinture bleue, sont imitées comme si c'était en étoffe ; leur figure est remplie
d'expression ; on ne comprend pas que l'on puisse
rendre le naturel à ce point. Après avoir admiré
mille et une choses là, nous avons passé à l'autre
galerie de tableaux faisant suite à celle que nous venions de voir ; mais l'heure étant arrivée de fermer,
il fallut sortir sans l'avoir visitée entièrement. Il est
vrai que nous venions d'en voir peut-être un mille et
que cela suffisait pour un jour.

Le lendemain, nous nous empressâmes d'aller voir
le château du grand-duc de Toscane, qui n'est visible
que le jeudi et le dimanche. Le château par lui-même
est très-grand ; les murs sont faits avec de grosses
pierres de granit toutes placées en relief ; cela fait
un assez bon effet à l'œil ; quant à la solidité, je ne
pense pas que le canon soit dans le cas de l'ébranler.
Autour de la cour est une galerie ; au fond, sous une
voûte, une pièce d'eau entourée de statues : cela forme
perspective.

Nous sommes allés voir les appartements : rien
de plus coquet et de plus riche ; les murs qui ne sont
pas remplis de tableaux sont tapissés ou de damas de
soie unie ou avec des fleurs brodées à la main ; les tables, dorées, ont des dessus en marbre, où sont incrustés des oiseaux, des fleurs ; ce sont des marbres
de plusieurs couleurs réunis ensemble, et que l'on
appelle mosaïque. Nous avons vu, parmi des milliers
de choses curieuses, un meuble rond formant à l'œil

une table et, moyennant une clef, on ouvre ce meuble ;
il se décompose à l'instant, une chaise garnie en sort ;
les deux côtés de la table, en s'éloignant, font place
à un pupitre et un bureau complet ; on pousse ensuite un ressort et les deux côtés et la chaise rentrent
également et tout se trouve sous la même clef à l'instant. Les appartements sont aussi beaux et aussi riches qu'aux Tuileries. A la suite de ces appartements,
nous sommes allés dans la galerie des tableaux : ce
sont encore les chefs-d'œuvre de tous les meilleurs
peintres, tels que Raphaël et Rubens. Parmi tous
ceux que nous avons pu remarquer, je citerai la
belle Cléopâtre, Vénus, Judith et Holopherne, Caïn
tuant Abel, Rebecca au bord du puits, et mille autres,
tous instructifs au plus haut degré.

Après m'être bien fatigué l'esprit à repasser dans
ma tête l'histoire qui se rattache à chaque tableau,
car ce n'est que par ce moyen que cela intéresse et
que l'on prend plaisir à regarder, pour me reposer
l'esprit, si ce n'est le corps, nous sommes allés nous
promener dans le parc pendant au moins deux heures.
C'est à peu près le genre du parc de Saint-Cloud, sauf
les pièces d'eau qui sont en très-petit nombre ; mais
les allées couvertes, les labyrinthes, les pelouses, rien
n'y manque. Au milieu du parc est une petite ména-
gerie où sont des chèvres d'une espèce rare, des bi-
ches et des cerfs ; on n'entre dans le parc que le
jeudi. D'autres jardins attenant à ce parc sont fermés ;
le public n'y est point admis. Le jardin botanique est

très-grand ; on le découvre sur une terrasse placée en élévation ; tout est très-bien entretenu dans ce parc ; dans presque toutes les allées; on voit des statues en marbre.

A la sortie du parc, nous sommes arrivés assez à temps pour entendre la musique militaire. Ce sont les Autrichiens qui viennent devant le château exécuter des morceaux de musique dont le son est d'une douceur à faire croire que ce sont des voix humaines. Cette journée ravissante fut terminée dans un enchantement complet.

A Florence, on marche de surprise en surprise. Nous somms allés visiter le superbe cabinet d'histoire naturelle, qui est de beaucoup au-dessus de celui de Paris, puisque l'Empereur, dans le temps, chercha tous les moyens de le faire transporter à Paris ; mais la crainte que beaucoup d'objets soient brisés ou décomposés par la traversée de la mer fut la seule chose qui le retint ; à la suite de toutes ses victoires d'Italie, c'eût été encore un trophée de plus que d'apporter toutes ces riches curiosités conquises par lui et d'en enrichir la ville pour laquelle il eût tout sacrifié, même sa vie.

Au bout d'une longue galerie, vous montez d'abord au premier : dans trois ou quatre petites galeries, sous verres dans des montres, à la hauteur du plafond, sont placés des échantillons de marbre de tous pays, depuis le porphyre, la malachite, jusqu'au plus simple granit ; d'autres pierres, d'où l'on tire des diamants, des rubis, des perles, de l'or, de l'argent et du plomb.

A la suite, d'autres galeries où sont toute espèce de plantes pour la médecine, conservées les unes dans de l'esprit de vin, et d'autres séchées et mises dans des bocaux ; ensuite, deux autres galeries où sont toutes les fleurs de chaque pays. Elles sont mises avec de la terre dans des vases dorés. Vous dire si elles sont imitées ou naturelles, l'œil s'y trompe ; cependant cela ne peut être qu'en cire. Au-dessus sont conservés, dans des bocaux, depuis le légume le plus ordinaire, tel qu'une carotte, jusqu'au fruit le plus délicieux.

Nous avons traversé ensuite un vestibule et sommes entrés dans d'autres galeries ; la première était d'abord celle des coquillages ; la seconde, des papillons ; la troisième, des mouches ; la quatrième, des poissons dans l'esprit de vin ; la cinquième, celle des serpents, couleuvres et autres ; la sixième, toute espèce d'oiseaux empaillés, depuis l'oiseau mouche jusqu'à l'aigle. Nous avons vu entre autres un perroquet venant d'Amérique qui, quoique très-petit, avait des plumes à la queue de plus de 60 centimètres. Son ventre était rouge, et son corps vert brillait comme une pierre fine.

A la suite, encore une galerie où est ouvert le corps de tous ces oiseaux, aussi bien que ceux des poissons ; et plusieurs salles d'anatomie où l'on voit le corps de l'homme depuis le crâne jusqu'aux pieds, les intestins, et tout ce qui constitue notre personne. Il y a aussi des squelettes couchés sous verre, d'autres couchés étant amputés ou d'une jambe ou d'un bras. Une chambre d'anatomie secrète renferme également le corps d'une femme depuis le moment où elle devient enceinte jusqu'au jour de son accouchement. C'est un peu effrayant à voir, tout cela, d'autant plus que, quoique en cire, c'est imité à s'y méprendre. Malgré que, de mon mieux, j'aie mis première galerie, et ainsi de suite, il ne faut pas penser qu'une seule suffise pour chaque chose, bien loin de là ; il y en a toujours plusieurs pour chaque collection. Je crois que c'est la réunion des échantillons de tout ce que l'on trouve dans la mer et sur la terre.

Nous sommes allés ensuite dans une autre galerie où sont empaillés tous les animaux possibles, depuis la souris jusqu'à la girafe.

Je crois avoir donné assez de détails pour me faire comprendre ; cependant, je désire pour mes lecteurs qu'ils ne s'en contentent pas, et que par eux-mêmes ils aillent visiter les erreurs que, bien innocemment, j'aurai pu faire. Ne voulant rien passer de toutes les choses curieuses que renferme Florence, nous avons dû retourner à cette galerie dont nous n'avions vu qu'une partie, puisque l'heure de fermer était arrivée. Nous avions pensé voir des tableaux comme dans la précédente ; il est vrai qu'il n'en manque pas non plus de ce côté. Mais, ce que nous n'avions pas encore rencontré, était la réunion de tous les portraits

des meilleurs peintres, placés dans différentes po-
sitions, mais tous le pinceau à la main. Dans une
même salle, j'en ai compté à peu près cent cinquante.
Vous ne doutez pas un instant que les portraits de
Raphaël, de Rubens sont ceux que le public cherche
avec empressement à reconnaître. Il faut, du reste,
rendre cette justice aux peintres dont j'ai vu les portraits, mais tous ont l'œil vif et spirituel. Si, par leur
talent, ils ont su donner de la vie, de l'expression à
tous leurs tableaux, ils n'en manquaient pas eux-mêmes, car vous en voyez qui, le sourire sur les lèvres,
semblent vous agacer en passant. Que de personnes
qui, tout en regardant, sont loin d'avoir l'œil aussi
vif que ces portraits !

A la suite, sont des bustes en marbre des grands
hommes, tels que Solon, Socrate, Pompée et beaucoup
d'autres. A côté, dans une espèce de petite cellule, on
aperçoit une momie sous verre, conservée à la manière
des anciens, car le corps était tout enveloppé ; la figure
seule était restée découverte. En face était le cercueil,
qui avait à peu près la forme du corps. Tout cela date
de très-loin. Dans une autre salle, nous avons vu une
quantité d'objets en bronze, depuis un cheval, un
sanglier, jusqu'à la plus petite médaille. Tout cela a
sans doute été trouvé dans des ruines, car il y en a
beaucoup d'oxydées et où la terre est restée après.
Toutes ces galeries s'appellent *les offices*. Après avoir
vu les choses remarquables, nous sommes allés voir
la promenade hors la ville, qui ressemble beaucoup

aux Champs-Élysées. Les hommes sont à cheval et les dames dans leurs équipages, car Florence ne le cède en rien à Paris pour recevoir l'élite du beau monde.

Après être restés quinze jours dans cette charmante ville, nous l'avons encore abandonnée pour aller à Pise ; c'est par le chemin de fer que l'on y arrive. La route est excessivement jolie à parcourir ; ce sont des terres cultivées de tous côtés, beaucoup de collines ; vous suivez presque toujours l'Arno, et vous apercevez de l'autre côté les Apennins. Pendant seize lieues, vous jouissez d'un joli coup d'œil. Arrivés à Pise, nous avons trouvé un grand changement avec Florence, non pour la ville, mais pour la gaîté : les quais, le long de l'Arno, sont très-beaux, mais c'est le monde qui manque ; les étrangers n'y affluent pas autant qu'à Florence. L'air y étant très-doux, l'hiver les personnes malades s'y retirent, et, par conséquent, ne donnent pas beaucoup de gaîté par elles-mêmes. Nous sommes allés voir le Dôme, principale église ; elle a cinq nefs. Tout le haut est sculpté et doré ; plusieurs tombeaux en marbre sont sur les bas-côtés de l'église. La balustrade du maître-hôtel est en marbre blanc incrusté de fleurs, ce qui s'appelle mosaïque. L'église, en dehors, est d'une belle architecture ; les portes du portail sont en bronze, et sur les mêmes portes est faite, en relief, une partie de la passion de Notre-Seigneur. En face de l'église est le baptistère, fait d'une architecture au moins aussi belle. Autrefois, l'on ne baptisait pas dans l'église, mais dans une chapelle qui se trouvait en face. A côté est le cimetière. Autour d'un petit enclos de jardin est une galerie couverte et faisant le tour; là sont déposés, sous les dalles où vous marchez, les grands personnages de Florence et autres pays. Le long des murs sont des tombeaux en marbre avec le buste des personnes. C'est assez triste à visiter. Sur la même place est une tour très-ancienne, surmontée de colonnes; peut-être atteint-elle la hauteur de vingt étages; mais, ce qu'on ne comprend pas, c'est qu'elle puisse se soutenir étant penchée ainsi. L'on va à Pise en partie pour voir cette tour.

Tout à fait au bord de l'Arno est bâtie une jolie petite église, riche d'architecture; elle est toute en marbre blanc. Devant le portail est représenté Notre-Seigneur au milieu des douze apôtres; ils sont placés sous une petite galerie entre deux colonnes; tout cela est gothique et fait dans la perfection. C'est à Pise qu'ont été faites les premières peintures et sculptures de toute l'Italie. Il est malheureux que cette ville ne soit pas plus peuplée, car les belles maisons ne manquent pas et les rues sont larges et propres. Autrefois, il paraît qu'elle était très-gaie; mais les villes sont comme les quartiers, sujets au goût du public.

Nous voici donc encore sur le point de partir pour Gênes. Que de difficultés pour voyager dans toute l'Italie! On peut dire qu'on n'est presque jamais tranquille. Nous avons dîné à Florence avec un Monsieur qui est le chef de botanique, et qui venait d'être arrêté en diligence par des brigands, entre Lucques et Pise. Après leur avoir donné sa bourse, en tout 611 francs, il s'estima heureux encore que le bruit d'une voiture qui arrivait sur la route les empêchât de fouiller dans sa malle, où beaucoup de bijoux précieux venant de Paris lui auraient été enlevés. Les autres voyageurs ne furent pas plus épargnés. Et bien, c'est là où nous allons passer cette nuit ; Dieu veuille que je ne puisse pas en raconter autant que ce Monsieur.

Vers minuit, nous nous rendîmes au bureau ; nous fûmes bien satisfaits d'y trouver deux voyageurs ; ayant arrêté nos places les premiers ; car il y avait à craindre, par le mauvais temps qu'il faisait, que personne ne vînt. Il est alors facile de comprendre toutes nos craintes si nous nous étions trouvés seuls, livrés la nuit entre les mains d'un postillon qui ne connaissait pas le français, dans une route dont nous n'avions eu que de mauvais renseignements ; et, par surcroît de malheur, la voiture, qui transporte les lettres, n'a de courrier avec elle que bien passé Lucques. Aussi nous avait-on conseillé de nous rendre de jour, par le chemin de fer, jusqu'à Lucques, et ensuite de prendre une voiture particulière pour nous conduire à Pietra-Santa, où la diligence vient vous prendre sur les sept heures du matin. Tout cela nous présentait tant d'embarras, falloir changer trois fois de voiture et coucher là pour attendre la diligence,

que, ayant été déjà aguerrie par notre dernier voyage
de Rome à Florence, nous primes le parti de partir
avec cette diligence, où nous restâmes deux nuits et
un jour, bien fatigués, car, pour mon compte, je fais
à l'opposé de bien des personnes, qui cherchent à se
caser le mieux qu'elles peuvent pour entretenir le
sommeil une partie de la nuit ; mais moi, loin de chercher ce moyen, je le combats au contraire le plus que
je peux afin de ne rien passer du tout, et de pouvoir
au moins, quand l'âge me privera des voyages, ne
pas regretter le temps où je pouvais voir et où j'aurais
manqué une occasion qui, aujourd'hui, me priverait
de bien des souvenirs.

Étant dans le coupé, je commençai donc, sitôt
partis, à regarder tantôt devant, tantôt de côté, si la
route d'abord présentait des dangers, non-seulement
pour les voleurs, mais encore pour les mauvais chemins, car depuis plusieurs jours, sous ce charmant
ciel de l'Italie si renommé, il pleuvait à verse ; j'a-
vais donc cette fois plus à m'occuper encore. Nous
tombâmes une fois dans une petite ornière, mais cela
n'eut de fâcheux que de réveiller les endormis. On
descendit ; les chevaux étant bons, cela fut enlevé de
suite. On peut même dire que cela manquait beaucoup de précaution de la part du postillon, car, comme
c'était dans un détour, et qu'ils sont tous faits si
étroits que si les chevaux de devant avançaient seulement d'un pas de plus ils tomberaient dans des précipices, alors il est donc préférable de risquer de caler

la voiture du côté de la montagne que de tourner trop légèrement, car, de l'autre côté, on serait bien sûr de ne pas accrocher; l'on tomberait de suite dans 5 ou 600 pieds de profondeur. Le terrain inculte ne manque cependant pas; il est incroyable qu'ils ne fassent pas les routes plus larges, surtout avec la quantité de coudes qu'il faut passer, la plupart sans garde-fou, et n'ayant juste que de quoi tourner les chevaux et la voiture. La nuit, surtout, c'est fort dangereux; cela vous occupe autant que les brigands que, Dieu merci, je n'ai pas encore vus. Décidément, je commence à croire qu'ils ont voulu en Italie respecter notre début. Il est sûr qu'il y a déjà assez de choses effrayantes, à voir sans eux.

Après être passés dans des ravins où les eaux des montagnes avaient attiré une quantité de pierres, il nous a fallu, il est vrai, dans le jour, passer bien autre chose : faute de pont, ils ont imaginé de traverser la rivière en bateau, de sorte qu'arrivés là, les personnes, les chevaux et la voiture ont été mis dans le bateau, même ceux qui se trouvaient là à attendre. Nous avons mis une demi-heure pour traverser, et au moins trois quarts d'heure pour du bateau remonter sur la route. La pluie avait fait des chemins épouvantables; je ne sais combien d'hommes poussaient; les chevaux renonçaient à tirer. Il y avait de quoi casser la voiture. Moi seule suis restée tout le temps dans la diligence. Il pleuvait, d'une part, et de l'autre il n'y avait pas pied pour une dame; à peine si les messieurs en bottes pouvaient s'en retirer. Ils doivent faire un pont, dit-on ; mais, dans ce moment, nous n'avions que le projet en perspective.

Que de choses peu rassurantes dans toutes ces routes d'Italie! En sus des dangers faits par la nature, vous ne rencontrez tout le long des chemins que des malheureux ; pendant l'espace de cinquante lieues, nous n'avons vu que des hommes, des femmes et des enfants marchant sans bas, sans souliers, à peine couverts. Il paraît que, dès leur bas âge, ils sont habitués à marcher pieds nus, puisque, par la pluie battante, nous les voyions marcher sur les cailloux sans avoir l'air d'y penser. L'on ne croirait pas que des humains puissent être ainsi traités ; il faut que ces pays-là soient habités par des gens qui n'en connaissent pas d'autres pour pouvoir supporter tant de misère sans se plaindre. Comment peut-on s'étonner qu'en Italie les routes ne soient pas sûres, quand on voit tant de maux à soulager! Aux voyageurs, ce sont des émotions qu'il faut ; c'est donc là qu'il faut aller en chercher : à côté de la tristesse, vous avez la gaité. Voyons donc le beau côté.

La voiture atteint les oliviers, au point que, par la portière, je cueillais des olives. Nous descendîmes des montagnes superbes, coupées au milieu des rochers. A Massa, sur une place publique, les orangers en pleine terre, chargés d'oranges, servaient d'ombrage à la promenade ; plus loin, une jolie cascade qui tombait près d'un pont ; une autre montagne coupée en zig-zag;

qui vous laissait apercevoir une demi-heure d'avance des voitures que vous alliez croiser, de petites cabanes, çà et là, que vous alliez rejoindre. L'œil est vraiment charmé dans tous ces points de vue délicieux. Arrivés à Carrare, nous avons vu une quantité d'ateliers de sculpture ; c'est le pays où l'on trouve le plus beau marbre ; aussi en mettent-ils des échantillons à toutes les maisons.

Nous avons ensuite fait halte à Sarzana pour dîner ; quelques heures après, nous sommes arrivés au golfe de Spezzia, un des plus beaux que l'on puisse voir. Napoléon disait qu'il y ferait tenir dedans tous les vaisseaux de l'Europe. Avant d'y arriver tout près, il y avait au moins une heure que, du haut des montagnes, nous planions dessus. La ville de Spezzia est assez gentille : devant le golfe, existe une très-jolie promenade, bien couverte. Après avoir traversé la ville, nous avons monté une très-longue montagne. Au bout de deux heures que nous avions quitté cette ville, nous la voyions encore et le golfe ; nous étions même assez près pour distinguer très-bien les nacelles qui voguaient sur l'eau, et le beau vaisseau américain qui, en rade, se disposait à partir. Ce n'était pas assez de ce joli point de vue ; nous avions encore, pour nous charmer, celui de toutes les montagnes couvertes d'arbres, à feuilles de plusieurs couleurs. Depuis le faîte de la plus haute jusqu'au fond des précipices, ce sont des souvenirs qui doivent toujours rester dans la mémoire. Une partie de la dernière nuit, nous la passâmes presque en suivant la Méditerranée ; nous passâmes aussi sous une voûte faite dans un rocher, et nous suivîmes la mer pendant à peu près trois heures jusqu'à la ville de Gênes, où, pour la seconde fois, nous entrions, mais par une porte opposée à la dernière, puisque nous revenions de Rome en place d'y partir.

Nous retournâmes au même hôtel ; nous eûmes la chance d'avoir une chambre donnant sur le golfe. Le matin, à notre réveil, la tête encore sur l'oreiller, nous apercevions les mâts qui, par leur balancement, nous indiquaient d'avance l'état de la mer ; nous n'avions pas besoin de sortir pour voir l'aspect de la ville : par notre fenêtre, tout nous apparaissait, depuis la plus petite nacelle jusqu'aux vaisseaux de guerre, sans oublier toutes les belles maisons qui bordent le golfe. Elles sont placées en amphithéâtre, surmontées d'une chaîne de montagnes qui semblent faites pour les préserver des coups de vent. Tant il est vrai que, pour bien apprécier une chose, il faut en avoir le temps, cette terrasse, placée devant le golfe, nous avait paru belle, il est vrai, la dernière fois, mais nous ne l'avions vue qu'en partie ; aujourd'hui, nous nous sommes promenés dans toute son étendue ; elle est d'abord toute en marbre, de la largeur du golfe, et a coûté 8 millions. C'est assez dire pour la juger. Elle est fermée la nuit par des grilles et elle communique à une autre terrasse moins belle, et ensuite à un petit passage découvert, toujours donnant sur le golfe, qui conduit à une autre grille qui ferme l'entrée du phare. Le capitaine a bien voulu nous accompagner, et nous sommes allés à la pointe du golfe, où se trouve le phare. Les canons sont braqués de tous côtés pour la défense de la ville ; il y en a au moins deux mille huit cents placés autour du golfe, ce qui démontre bien sa grandeur. Au Havre, on se croit en pleine mer quand on est sur la jetée ; mais, quelle différence d'aller au phare de Gênes, qui est placé tout à la pointe du golfe, et où l'on met au moins une demi-heure pour y arriver ! Là au moins vous pouvez juger du coup d'œil de la mer, car en ne regardant pas sous vos pieds, vous vous croyez dans un vaisseau. Les flots, quand la mer est mauvaise, sautent par dessus et ont même dégradé une partie du mur. Il faut aller là pour entendre le bruit des flots et les voir, en s'élevant sur cette jetée, retomber tout à coup comme une pluie de neige dans la mer dont ils viennent de sortir avec tant de fureur. Il était temps de rentrer pour le dîner, car je crois que plusieurs heures se seraient passées sans que nous puissions nous lasser d'admirer cela.

Le lendemain, nous sommes allés voir l'autre côté du golfe, afin de pouvoir juger de tous les points de vue ; de plus, nous y étions attirés par le superbe phare ; c'est bien autre chose que celui que nous avions vu à l'opposé. Il se trouve d'abord de beaucoup plus au milieu de la mer, et sa hauteur au-dessus du niveau de la mer est de 414 pieds. Nous sommes montés tout au haut ; il y faisait une chaleur à ne pas résister. Cependant, nous prîmes le temps d'examiner le mécanisme qui est au-dessous de la lanterne ; on met à peu près la valeur d'un baril d'huile pour l'alimenter ; encore la lumière reflète-t-elle dans des verres grossissant qui jettent une clarté extraordinaire ; il faut d'ailleurs que le phare soit bien éclairé, puisque l'on aperçoit sa lumière en mer, à trente-cinq lieues plus loin. Ce qui nous a fait plaisir à voir, c'est tout le golfe de Gênes qui, au soleil, se reflète dans les verres grossissant du phare ; vous distinguez toutes les maisons, comme si vous étiez en face, quoique leur tournant le dos. Vous êtes bien essoufflé pour y arriver ; mais vous ne regrettez pas vos pas quand, du haut du phare, vous contemplez toute cette vaste étendue d'eau, dont vous ne voyez pour toutes limites que le ciel qui semble se joindre à la mer. Malgré vous les réflexions vous arrivent, surtout quand vous avez couru quelques dangers sur mer ; et, loin de vous donner envie de vous embarquer, vous tremblez en pensant que vous étiez là, séparé de tout le monde, au milieu d'une mer agitée, dont les flots, qui ne respectent rien, pouvaient vous entraîner au fond de l'abime sans pouvoir demander grâce pour un seul instant. Enfin, le monde est ainsi fait : à l'envi l'un de l'autre on veut connaître un peu de tout.

Après être sortis du phare, nous sommes allés voir le palais du prince Doria, qui est très-grand ; il est bâti tout au bord du lac; devant est une très-belle terrasse où l'on descend pour aller dans un joli jardin anglais; au milieu d'une pièce d'eau est fait en marbre Neptune dans son char; plus loin, en marbre blanc également, est une autre terrasse au bas de laquelle viennent battre les flots de la mer.

Sans être dans le palais du prince Doria, comme lui nous avions la chance d'avoir devant notre fenêtre ce superbe panorama; le soir, nous voyions partir les bateaux à vapeur, les bateliers revenir de tous côtés après avoir conduit leurs passagers, ce beau phare à escalier de marbre, aussi brillant dedans que la lumière qu'il jette la nuit sur la mer. Aussitôt le coucher du soleil, on le voyait briller prêt à protéger par sa clarté les navires en danger. Sur les huit heures du soir nous entendions un coup de canon, signe qui indiquait que le port était fermé. Que c'est majestueux à entendre le roulement du canon sur mer! cela rend l'effet du tonnerre à s'y méprendre. Le matin, à l'ouverture, on tirait également le canon, et nous voyions alors les vaisseaux y entrer et les petites chaloupes se mettre en mouvement pour ramener à bord tout le monde. Voilà ce qui nous manque à Paris; il faut rester sur un port de mer pour pouvoir juger de la distraction que cela donne. Les Champs-Elysées sont bien gais, mais ce n'est plus cela; où il n'y a pas de dangers, l'œil n'est jamais aussi occupé; vouz tournez la tête facilement d'un autre côté, si vous regardez quelque chose de joli ; et si vous regardez au contraire quelque chose de dangereux, aucune distraction n'est possible.

Nous sommes allés voir l'église de Sainte-Marie-de-Carignan ; elle est bâtie tout en haut de Gênes. Pour y arriver, on passe même sur un pont de pierre qui est bien au-dessus des maisons à sept étages. L'église en dedans n'a rien de remarquable, quoique tous les autels et les balustrades soient en marbre ; mais dans ce pays d'Italie, les églises sont si coquettes de dorures, que celle-là peut passer pour ordinaire, sauf le grand avantage sur les autres de Gênes de pouvoir aller dans le dôme. Après avoir monté à peu près 150 marches, nous nous sommes trouvés sur la première galerie, entourée d'une balustrade de marbre blanc. Quatre terrasses faisant la pointe forment les quatre points cardinaux ; vous pouvez sur chaque terrasse changer d'air et de points de vue, sans savoir auquel donner la préférence : vous voyez d'un côté la ville, à l'opposé la mer, et dans l'intermédiaire des deux les jardins et les fortifications. Nous sommes encore allés sur la seconde galerie, et enfin sur la troisième, ce qui présentait une hauteur d'au moins 400 pieds ; étant sur le bord de la mer, nous n'avons pas flâné longtemps sur cette galerie, car le vent qu'il y fait nous engagea de suite à redescendre dans la première, d'autant plus qu'elle est déjà assez haute pour que les voisins ne gênent pas le point de vue.

Après avoir encore admiré sur la mer tous les vaisseaux qui, par la hauteur où vous vous trouvez, paraissent des nacelles, nous sommes descendus et sommes allés voir les fortifications de la ville, qui aboutissent à une superbe et grande promenade faite sur une terrasse; au milieu est une très-jolie pièce d'eau, entourée de rosiers, où, quoique au mois de novembre, le parfum des roses vous rappelait le mois de mai. Les messieurs se promènent à cheval autour de toutes ces jolies allées, séparées par des quinconces ou des corbeilles. Au bout, nous sommes montés par une espèce de labyrinthe, au sommet duquel se trouve une cascade qui sort d'un rocher avec fureur et se perd de suite sous d'autres rochers pour aller sans doute rejoindre la mer. Arrivés au plus haut, nous sommes allés à l'église des Capucins : le chœur du maître-autel est rempli de fleurs artificielles; sur les bas-côtés de l'église, dans les chapelles et même dans la nef, tous les murs ne sont remplis que de reliques mises sous verres. Derrière le chœur, on aperçoit les capucins en prière dans les stalles. Après avoir fait la nôtre, nous sommes sortis et revenus à notre jolie promenade.

Je ne sais le temps qu'il fait aujourd'hui à Paris; mais à Gênes, le 3 novembre, la chaleur n'était pas supportable au soleil, même avec une ombrelle! Je ne suis pas étonnée que les Anglais viennent y passer l'hiver; ils doivent trouver de la différence entre leur climat et celui de Gênes.

Nous voici donc encore une fois sur le point de

partir : c'est demain, à la pointe du jour, qu'il nous faudra jeter un dernier regard sur la mer. Nous rendant en France par la route de Turin, nous allons perdre ce magnifique coup d'œil auquel nous étions si bien habitués depuis deux mois, pour, en place, rentrer dans les montagnes du Piémont. Chaque route a ses charmes, et j'espère retrouver dans un autre genre ce que nous perdons à ne plus suivre les bords de la mer.

A peine le jour parut, qu'il fallut se disposer à aller prendre la diligence. Pour sortir de Gênes, il faut côtoyer le golfe; sa longueur, jointe à l'embarras des voitures qui arrivent le matin, nous procura la vue de la mer pendant au moins une heure; elle semblait par son agitation dès le matin vouloir nous donner le regret de la quitter; ses flots, écumant le long du rivage, par le bruit seulement attiraient le regard; entre chaque habitation placée çà et là nous l'apercevions toujours avec un nouveau plaisir; mais tout-à-coup la route fit un détour et nous priva de ce superbe tableau. Pendant plus de six lieues, nous eûmes le temps d'y penser : ce n'était que villages à passer, et rien à voir en un mot. Enfin cela changea de face; il nous fallut monter sur les Apennins; pour les traverser et arriver au haut, nous mîmes au moins deux heures. Quoique la route, en forme de labyrinthe, ait la pente assez douce, on met aux voitures de rouliers jusqu'à 15 et 18 chevaux qui vont au pas. Nous sommes descendus de la voiture une partie de la montée, pour pouvoir admirer toutes ces belles montagnes couvertes de verdure ; on voyait serpenter au milieu la route. Nous planions sur une profondeur telle, que des voitures que nous venions de croiser, à peine si on les reconnaissait, tant elles paraissaient petites par la profondeur où elles se trouvaient. On ne peut rendre tous ces effets de la nature. Vous montez des heures entières, et, quand vous allez pour descendre, vous apercevez encore d'autres montagnes bien au-dessus de celle que vous quittez.

Après les Apennins, nous avons été bien mécontents de la route ; les pluies avaient fait des ornières épouvantables ; et, comme à côté on fait un chemin de fer, on ne s'occupe plus de cette route. C'est d'autant plus ridicule, qu'il y passe des voitures en quantité, attirées par le chemin de fer de Turin. La diligence est cependant retardée par les mauvais chemins.

Arrivés à Novi, où il nous a fallu dîner en un instant et courir prendre le chemin de fer, nous aurions bien parié en partant ne plus avoir d'embarras et filer droit jusqu'à Turin ; et bien, nous eussions perdu. Au milieu du chemin se trouve une montée ; sans cérémonie, on ôta la locomotive, on sépara le convoi en deux et on mit seize chevaux à chacun. Nous étions toujours sur le chemin de fer, mais traînés sans vapeur : c'était assez gentil du reste. Pendant au moins une heure et demie, nous fûmes escortés par des hommes qui tenaient des torches à la main, dans la crainte que les voitures ne vinssent à dérailler. Il paraît que c'est un passage où le sable est trop mouvant, on va en changer la direction. Nous avons repris ensuite la vapeur jusqu'à Turin, où nous sommes arrivés assez tard.

Le lendemain, nous nous sommes empressés d'aller voir la ville. Il n'est pas besoin de demander si c'est une capitale, elle est jugée de suite par sa beauté : les rues sont larges, les boutiques magnifiques, le monde afflue de tous côtés ; il y a de très-belles galeries comme au Palais-National. On se croirait à Paris pour tout. Nous sommes allés voir la galerie de tableaux qui, quoique bien moins grande que celle de Florence, ne lui cède en rien pour la beauté des tableaux. Parmi ceux que j'ai le plus remarqués sont d'abord celui de Charles-Albert passant à cheval devant sa troupe, et à côté celui de la duchesse de Savoie, fille d'Henri IV ; dans une autre salle, le portrait de Raphaël et celui de sa maîtresse, et plusieurs Vénus peintes sur des tableaux en porcelaines ; quatre autres, très-grands, représentant les quatre éléments, et enfin la fin du monde. Tous sont faits par les meilleurs peintres. Il y en a de Raphaël.

Nous sommes allés ensuite voir le palais du roi. Quoique très-grand, il ne représente pas au-dehors le luxe qui se trouve dedans. Nous sommes montés aux appartements par un escalier de marbre, rempli de statues de tous côtés. Les premières salles sont enfourées de tapisseries aussi belles qu'aux Gobelins ; ce ne sont cependant que les salles des gardes et des valets de pied ; après les salons d'attente, ceux de réception ; la chambre à coucher du roi, la salle du Trône, tous les appartements sont d'une richesse à rendre jaloux les Français. Les portes, les volets, les panneaux sont à fond doré mât, et dessus, en relief, des feuillages d'or bruni. Les plafonds sont remplis de peintures, les murs garnis de tableaux magnifiques, les meubles dorés et les parquets en bois de citronnier avec des incrustations en bois de palissandre. Ces appartements-là étaient occupés par le roi Charles-Albert. Etant mort en Portugal, la reine voulut avoir près d'elle tous les meubles qui avaient servi aux derniers moments de son mari ; elle les fit venir, et ils furent placés dans le cabinet du roi, depuis le lit jusqu'aux chaises, comme ils étaient en Portugal.

A la suite est une superbe galerie, toute resplendissante de glaces et de dorures, et une rangée de lustres de chaque côté.

Au bout sont les appartements de la reine-mère ; sa chambre mérite d'être citée : son lit est tout en damas de soie rouge, surmonté d'un baldaquin avec ses armes, soutenu par des colonnes dorées. Les meubles sont riches à proportion, jusqu'au paravent qui entoure la cheminée, qui est couvert d'or. A la suite vient son charmant boudoir : depuis le bas jusqu'en haut, on ne voit là que des meubles incrustés en nacre de perle, surmontés de vases de porcelaine de la

Chine: A côté, un autre petit boudoir, où se trouve une espèce de petite cellule avec un charmant prie-dieu ; elle doit donner par son luxe bien des distractions, quand on y prie pour la première fois.

Nous avons ensuite traversé beaucoup d'autres appartements tout aussi riches, et enfin nous sommes arrivés à la salle de danse, formant galerie, soutenue dans toute sa longueur par des colonnes en marbre blanc dont les chapitaux sont en cuivre doré. Des glaces d'une hauteur extraordinaire, quoique d'un seul morceau, forment le tour de la salle. Tout est d'une recherche dont on ne peut se faire une idée. Le roi actuel, ne voulant pas priver sa mère de ses appartements, a les siens au-dessus.

Nous sommes sortis du palais tout éblouis ; je ne croyais jamais que Turin, si près des Savoyards, pût connaître et aimer le luxe à ce point.

Nous sommes allés au Musée égyptien, où nous sommes restés peu de temps. On ne voit que des momies et des figures de magots, personnages que l'on rencontre partout sans être obligés d'aller les trouver.

Le lendemain, nous sommes allés voir la cathédrale. Blasés sur les églises par la quantité que nous avons vues à Rome, elle ne nous a pas paru extraordinaire ; ce qu'il y a de mieux, c'est la chapelle placée au-dessus du maître-autel, qui est celle du roi ; il y arrive de ses appartements ; le devant étant vitré, du milieu de la nef vous apercevez l'autel ; nous y sommes montés. La chapelle est ronde ; autour, entre des colonnes de marbre, sont élevés quatre superbes tombeaux de marbre blanc ; les personnages sont représentés dessus : ce sont les tombeaux des princes qui ont régné en Piémont ; leurs corps sont déposés dessous. Au milieu est l'autel, entouré d'une superbe balustrade avec des anges qui sont placés dessus.

De là, nous sommes allés voir l'église des jésuites, qui est beaucoup plus coquette. Tout est en marbre ; le plafond de la nef n'est rempli que de peintures et de dorures. Je serais tentée de croire qu'elle a été faite pour donner une idée de celles de Rome à ceux qui n'ont pas la chance de pouvoir aller si loin.

Vers midi, qui est l'heure à laquelle on ouvre, nous sommes allés visiter la salle d'armes du roi. Dans chaque pays c'est un genre différent, tant il est vrai qu'il n'y a qu'en voyageant que l'on voit du nouveau. Dans la première salle, sous verre, sont réunis une quantité de fusils, de lances, ayant appartenu à de grands personnages de tous pays ; de jolis petits canons, traînés par six chevaux. Tout est fait en bois, mais c'est très-bien imité, rien n'y manque : des caissons, des militaires ; toute l'artillerie est au complet. Plus loin, la grande galerie où, de chaque côté, sont placés en alignement, sur des piédestaux, des chevaux montés par des cavaliers couverts de leur armure de la tête au pied, qui, l'épée ou la lance à la main, semblent vouloir se battre. Les chevaux ont aussi des cuirasses, ils n'ont que les jambes nues. Avec autant de précautions, on ne devait pas craindre autrefois l'état militaire ; le plus grand poltron se trouvait rassuré de suite et était presque sûr de mourir de vieillesse. Chaque cavalier a une armure différente, selon le pays; il y en a de Rome, de l'Arabie, du Piémont, et d'autres encore. C'est vraiment curieux à voir : ce sont des mannequins recouverts de cuirasses, auxquels on a mis une figure; des chevaux en bois, mais revêtus de la peau de superbes chevaux qui ont appartenu au roi; le fait est qu'ils ont des poses à faire croire qu'ils s'impatientent de rester si longtemps en place; il y en a une douzaine. De chaque côté de la galerie on voit, dans des montres sous verre, toutes les armes anciennes; nous avons vu, entre autres, un fusil de la Turquie tout couvert de pierreries; des poignards incrustés de nacre de perle; l'épée du prince Albert qui vient de mourir, dont la poignée et le gland sont tout en or; il y a des lances, des arcs pour lancer des flèches; en un mot, toutes les armes qui, avant que la poudre ne fût connue, servaient à se défendre.

Après être restés le temps nécessaire pour tout visiter, nous sommes allés traverser le Pô sur un pont en fil de fer; sur le fleuve du Pô, on ne voit que des barrages, ce qui est assez dangereux pour les bateaux qui ont alors peu de place pour passer. C'est bien le cas de s'écrier en passant là : Pourvu que je ne reste pas sur le Pô.

Nous sommes rentrés à l'hôtel, la journée étant complète; d'autant plus qu'il fallait déjà se préparer pour un autre voyage, celui du Mont-Cenis, où demain soir nous devons passer. Chacun nous effraie du froid ; je ne vois qu'un seul moyen : c'est de vider notre malle et de transporter nos effets sur nous ; si je ne parviens pas à avoir chaud, au moins je ne passerai pas pour une femme sans précaution.

Encore quelques lieues à faire et nous aurons, en quittant l'Italie, perdu nos titres de signor et signora, noms italiens auxquels nous étions déjà habitués et qui chatouillaient assez l'oreille.

Sur les cinq heures, nous quittâmes Turin. Aussitôt sortis de la ville, nous vîmes le soleil se coucher derrière les montagnes des Alpes ; il était tout en feu. C'était d'un effet merveilleux ; l'on aurait cru voir le mont Vésuve. Après avoir parcouru une route magnifique pour la largeur et sans aucun danger pour les précipices, nous arrivâmes à Suze : on mit à la diligence, en place de chevaux, neuf mulets de première force pour monter le Mont-Cenis. Nous partîmes de Suze à onze heures et arrivâmes à cinq heures du matin sur le Mont-Cenis, ce qui fait six heures pour huit lieues à toujours monter sans descendre seulement d'un pouce. Les mulets vont toujours au pas ; les hommes qui les conduisent sont à pied à côté d'eux ; ils sont trois et montent sur l'impériale à tour de rôle, car non-seulement il y aurait de quoi perdre haleine, mais ils ont besoin de se reposer de la fatigue qu'ils éprouvent à se maintenir par le vent qu'il y fait. Vous l'entendez siffler avec une force à craindre qu'il ne renverse la voiture. Nous sommes descendus une fois et n'avons eu que le temps de remonter. La respiration manque; cela doit être extrêmement dangereux l'hiver. Nous y sommes passés la nuit du 10 novembre, et il y avait déjà beaucoup de neige sur les montagnes ; mais on avait enlevé celle du passage des voitures. Le long de la route on rencontre, à une demi-lieue de distance l'une de l'autre, de petites maisons pour recevoir les voyageurs et porter secours en cas d'accidents. Dans beaucoup d'endroits, il y a des jalons enfoncés dans d'énormes bornes en pierres ; c'est pour servir à reconnaître les chemins dans le moment des neiges, qui tombent en si grande quantité que, la voiture ne pouvant plus passer, on va en traîneau. Il n'est pas rare de trouver jusqu'à neuf pieds de neige sur cette route.

L'on se figurerait que le Mont-Cenis veut dire seulement une haute montagne ; et bien, c'est une route serpentant dans des centaines de montagnes ; à tout instant vous en apercevez devant vous qui semblent vous barrer le chemin, et tout à coup la route fait un coude et vous trouvez un passage nouveau. Vous apercevez la route où vous venez de passer dans des profondeurs de plus de deux mille pieds, et celle où vous êtes pour le moment, qui vous paraît en élévation, dans un instant, elle va se retrouver comme la première. Toutes ces montagnes sont d'une aridité dont on ne peut se faire idée ; par hasard on aperçoit un arbre, que l'on regarde comme une brebis égarée. Comment est-il possible que des gens puissent rester dans ces montagnes sauvages, à voir passer seulement quelques voiture? L'hiver, ils ne peuvent même pas sortir de leur maison sans le secours du traîneau ; tant il est vrai que l'habitude est une seconde nature. Arrivés au Mont-Cenis, on a dételé les mulets et remis des chevaux. Vous allez penser de suite que nous pouvions dominer de là sur toutes les montagnes ; et bien, de chaque côté de la route il y en avait encore d'autres plus hautes. Nous avons traversé le plateau de la montagne, qui est au moins de deux lieues ; il y a même là un beau lac, devant un hospice. C'est Napoléon qui l'a fait faire, ainsi que toute la route, qui est magnifique. Il a fallu descendre le Mont-Cenis ; cela devenait un peu plus dangereux : la neige avait formé un petit verglas qui, non-seulement faisait glisser les chevaux, mais faisait aller notre voiture en travers du [chemin ; quoique la route soit large, il n'est pas moins vrai qu'elle pouvait bien reculer de quelques pas, et alors c'eût été fini de nous, car le précipice, par sa profondeur, vous empêcherait même de vous plaindre.

Après avoir descendu au moins une heure, nous avons pris le café au coin d'un bon feu, ce qui n'était pas de refus, car nous avions l'estomac vide et les pieds à la glace. Nous sommes repartis de suite pour descendre encore au moins une heure, et après nous nous sommes trouvés dans des vallées, sans jamais quitter les Alpes. La voiture rasait presque toujours un torrent qui, n'étant pas très-profond, par les pierres énormes qu'il rencontrait, formait des cascades magnifiques. Plus loin étaient les rivières de l'Isère et de l'Arc ; nous sommes passés sur une quantité de ponts plus ou moins beaux ; on en refait quelques-uns dans ce moment.

Bonaparte a fait faire un très-beau fort ; je ne crois pas que l'ennemi serait bien placé pour passer sur la route, car, par ses coups de canons, il aurait bientôt intercepté le passage. Nous sommes arrivés à Chambéry bien fatigués. Les diligences, à ce moment, étaient en concurrence ; elles allaient très-vite ; à peine vous laissait-on le temps de dîner. A chaque relai, ils se mettaient au moins six à atteler. On pouvait à peine descendre de voiture ; heureusement qu'au Mont-Cenis on va au pas, car on n'eût pu y tenir si la nuit eût été de même ; aussi nous nous sommes couchés ce jour-là à huit heures du soir. Le lendemain, étant bien reposés, nous sommes allés voir le château de Chambéry, que l'on ne regarderait pas en passant si l'on n'était prévenu que c'est là. Il doit être agrandi incessamment ; mais il serait plus prudent, je crois, de le diminuer jusqu'à ce qu'il n'en reste plus que la place, pour alors en faire un autre dessus. Il fallait s'adresser au suisse pour visiter les appartements ; mais, en ayant regardé le dehors, j'ai pensé que tout avait besoin de grandes réparations, et qu'il valait mieux attendre, pour voir les meubles, qu'ils fussent tous remplacés. De là, nous sommes allés voir l'église, où nous cherchions en vain des dorures, des peintures ; le marbre était remplacé par la pierre, les sculptures par une grosse peinture ; les tableaux et les dorures étaient restés en Italie. Les distractions que l'on pourrait avoir en priant dans cette église ne seraient certainement pas occasionnées par le luxe qu'il y a dedans. Enfin, l'église et le château sont d'une simplicité qui s'accorde avec les habitants ; ils ont cependant une très-belle rue à arcades, garnie de magasins assez bien, une espèce de petit boulevard, et d'assez jolies promenades autour de la ville, qui sont d'autant plus champêtres qu'elles sont bordées de jolies petites sources serpentant dans la prairie. Nous allions nous y promener tous les jours pour passer le temps. Faute de voir des monuments, nous allions respirer le bon air et repasser en revue toutes les belles choses que nous avions vues en Italie.

Après être resté environ une semaine avec tous ces bons Savoyards, nous sommes allés en Suisse. On ne pouvait être si près de Genève et ne pas avoir envie de revoir cette ville et son beau lac. La route qui la sépare de Chambéry est sans aucun danger. Ce ne sont plus nos précipices de Chamouny ; du moins ceux que vous rencontrez sont-ils entourés de garde-fous. Nous avons d'abord passé à Aix-les-Bains, petite ville très gentille, située au milieu d'une vallée, et abritée par les Alpes. L'été, tout le monde s'y rend pour prendre les eaux. De là, nous avons passé à Annecy, petite ville de fabrique, où la diligence s'arrête pour déjeuner. Ce dont nous avions le plus besoin était de nous chauffer les pieds ; il avait gelé ce jour-là ; aussi nous courûmes plutôt à la cheminée qu'à la table. Après être remis de tout, nous sommes remontés en voiture, traversant toujours de magnifiques vallées, peuplées de troupeaux de moutons, de chèvres et de vaches, qui venaient encore, au soleil, jouir de leurs derniers beaux jours. Nous avons passé sur le pont de la Caille, non pas nommé ainsi par la chaleur que l'on y a dessus, car sa hauteur étant de 560 pieds, l'on se plaindrait là plutôt du froid que de la chaleur ; il a été bâti par Charles-Albert. Ce pont, en fil de fer, réunit les deux montagnes, dont le ravin est de 560 pieds de profondeur ; la longueur du pont est de 590 pieds ; à peine si l'on en voit la profondeur, même en mettant la tête hors de la diligence, qui vous laisse cependant bien le temps de regarder, car il est défendu d'aller même au trot. Je croyais avoir vu les ponts les plus extraordinaires, ceux de Fribourg ; mais c'est encore au-dessus ; celui-là a la hauteur, et les autres, c'est le cas de le dire, ont le dessus pour la longueur.

Bien avant d'arriver à Genève, du haut d'une montagne, nous avions aperçu ce beau lac ; nous allions enfin le revoir. Nous sommes descendus hôtel de la Couronne ; l'on y est trop bien pour ne pas y retourner ; nous avons été d'autant plus satisfaits qu'en nous mettant à table nous nous sommes trouvés réunis avec des voyageurs que nous avions déjà rencon-

trés dans d'autres pays. C'est encore de ces supplé-
ments de plaisir que l'on éprouve en voyageant, de se
revoir au bout de quelques semaines ! Cela devient
un dîner d'amis plutôt qu'une table d'hôte. Voilà
l'avantage des grands hôtels ; ils reçoivent beaucoup
de monde ; alors il est bien rare, en restant quelques jours, que vous n'ayez pas la chance d'y voir
quelqu'un de connaissance. Après le dîner, l'on cau-
sait, l'hiver nous privait de sortir le soir, et ensuite
chacun se retirait chez soi. Le jour, nous allions revoir avec un nouveau plaisir toutes ces charmantes
villas qui bordent le lac ; elles avaient sans doute
perdu de leur éclat, puisque la saison avait enlevé
toutes les feuilles des arbres ; mais, dans notre pensée, elles étaient restées toujours comme en été, et
nous retrouvions dans notre mémoire tout ce que
l'hiver arrachait au coup d'œil.

Malgré la saison, qui n'était plus belle, et les jours
courts, qui nous annonçaient l'hiver, nous ne pûmes
rester moins d'une semaine à Genève ; son beau lac
nous rappelait la mer et tous les souvenirs qui s'y
rattachent. Nos soirées se passaient à échanger, entre
voyageurs, toutes les émotions que, naturellement,
nous avions éprouvés en Italie, les plaisirs que l'on
avait eus et les dangers que l'on avait courus ; et les
jours s'écoulaient ainsi, sans songer que la neige, qui
commençait à tomber, allait peut-être, dans les montagnes du Jura, nous barrer le passage. Mais le

Mont-Cenis nous avait aguerris et avait fait de nous de véritables voyageurs.

Nous arrêtâmes donc nos places pour partir pour Dôle ; je ne dirai pas : Il était temps, mais plus que temps, car la malle-poste, ce jour-là même, était en retard de dix heures par la quantité de neige qui était tombée, et ayant étrenné la première le chemin, elle fut obligée de retourner sur ses pas pour se mettre sur un traîneau. Ainsi, nous voilà presque sûrs d'en faire autant. Je n'en serai pas fâchée. Du reste, cela doit avoir, comme tout, son bon côté.

C'est le 24 novembre que nous allons faire nos adieux à Genève ainsi qu'à l'étranger. Après deux grands mois d'absence, nous allons enfin rentrer en France, reprendre nos habitudes, voir circuler notre monnaie, et n'entendre plus parler que le français. Que de fois ai-je maudit les auteurs de la tour de Babel pour l'embarras qu'ils nous donnaient ! Heureusement que beaucoup de mots italiens sont presque les nôtres ; la plupart se terminent en ajoutant *co*, *no*, et dans ceux que j'arrangeais ainsi, accompagnés d'une immense quantité de gestes, je parvenais à obtenir une solution ; il est vrai que ce n'est pas par toute l'Italie de même, car cela deviendrait trop fatigant.

Le jour fixé, nous partîmes donc de Genève à une heure. Les chemins, comme le temps, furent magnifiques jusqu'à la tombée du jour ; mais, à moitié de la haute montagne du Jura, nous trouvâmes beaucoup de neige ; les montagnes, comme les précipices, tout était couvert de neige. Il faisait nuit close ; la neige seule éclairait la route ; nous mîmes deux heures et demie pour la monter. Là, le conducteur alluma la lanterne de la voiture, et nous repartîmes. Nous pensions avoir passé le plus mauvais ; c'eût été à désirer ; mais il s'en fallait de beaucoup : plus nous allions et plus la neige était épaisse. Pendant au moins six lieues, la route fut très-dangereuse ; l'on entendait craquer la neige sous le poids de la voiture ; les roues s'enfonçaient dedans, et si nous n'eussions pas eu six chevaux de première force, sans doute eussions-nous été obligés de retourner pour nous mettre en traîneau. Le conducteur avait dit en partant que peut-être nous serions forcés de passer ainsi. Plusieurs petites voitures même étaient restées le long du chemin, faute de pouvoir marcher. Les voituriers avaient dételé leurs chevaux et abandonné leurs voitures, quoique remplies de marchandises. C'était dans une immense plaine : la neige ayant rempli les petits fossés qui bordent la route, sans le secours des jalons, il nous eût été impossible de trouver le chemin. Nous avions encore à redouter le vent, qui faisait remuer tous les carreaux de la diligence, et la neige qui recommençait à tomber. Enfin, arrivés aux Rousses, le chemin devint meilleur ; la neige se changea en pluie, et nous arrivâmes à Dôle par un bien mauvais temps. De notre fenêtre, nous apercevions toutes les jolies promenades que nous connaissions déjà et dont nous étions privés cette fois. Nous fûmes obligés de repartir le lendemain pour Dijon, espérant que le temps se remettrait et qu'il y aurait peut-être moins de boue ; mais, en arrivant, nous vîmes que décidément l'été fuyait partout, et qu'il était plus prudent de revenir, ne fût-ce que pour les routes, qui devenaient impraticables. Nous en repartîmes au bout de deux jours pour Fontainebleau, pays de prédilection, où, quand on ne peut marcher nulle part, c'est là qu'il faut aller pour éviter la boue. Nous y arrivâmes donc avec l'espoir de pouvoir arracher encore quelques beaux jours à la triste saison d'hiver. Nous eûmes la chance de tomber au moment de la foire ; les boutiques de pain d'épice, les tambours, rien ne manquait pour amuser ou étourdir les passants ; mais, comme il en faut pour tous les goûts, cela ne changea rien aux habitudes. Le dimanche et le jeudi, les hussards, au nombre d'une trentaine, se réunissent dans la salle de théâtre du château pour exécuter de très-beaux airs militaires. Nous entendîmes avec plaisir ce concert, qui nous rappelait ceux de Florence. Tous les jours nous allions soit au parc, soit dans la forêt ; les chemins étaient bien secs ; mais ce soleil qui donne de la gaîté partout où il paraît, en vain on le cherchait. Les arbres, dégarnis de leurs feuilles, annoncent bien qu'ils n'ont plus besoin de vous servir d'ombrages ; bien loin de là, parmi eux, combien s'en trouve-t-il qui doivent, après vous avoir mis l'été à l'abri de la chaleur du soleil, servir, dans la même année, à vous réchauffer pendant l'hiver ! Il fallut donc au coin du feu se résigner. Le repos était bien permis après avoir traversé vingt-un départements, les états sardes, la Toscane, les états de l'Eglise, les duchés de Modène, de Lucques, le Piémont, la Savoie, et enfin la Suisse ; l'on pouvait, au bout de neuf cent dix-neuf lieues et quatre mois d'absence, rentrer chez soi le cœur content. L'esprit, meublé de tant d'impressions de voyage, doit suffire pour nous faire passer notre hiver gaiment, et entretenir une conversation toujours très-animée, ne fût-ce que par le souvenir de toutes les personnes aimables que l'on rencontre en voyage et de celles que nous retrouvons à Paris.